당신의 뇌는 나이 들지 않는다

• 마인드맵 창시자 토니 부잔의 두뇌 사용 설명서 •

당신의 뇌는 나이 들지 않는다

토니 부잔·레이먼드 킨 지음
이영래 옮김

비즈니스북스

옮긴이 | **이영래**

이화여자대학교 법학과를 졸업하였다. 현재 가족과 함께 캐나다에 살면서 번역에이전시 엔터스코리아에서 출판 기획 및 전문 번역가로 활동하고 있다. 주요 역서로는 《운동의 뇌과학》, 《누구도 나를 파괴할 수 없다》, 《파타고니아, 파도가 칠 때는 서핑을》, 《모두 거짓말을 한다》 등이 있다.

당신의 뇌는 나이 들지 않는다

1판 1쇄 발행   2024년 6월 14일
1판 2쇄 발행   2024년 6월 16일

지은이 | 토니 부잔·레이먼드 킨
옮긴이 | 이영래
발행인 | 홍영태
편집인 | 김미란
발행처 | (주)비즈니스북스
등 록 | 제2000-000225호(2000년 2월 28일)
주 소 | 03991 서울시 마포구 월드컵북로6길 3 이노베이스빌딩 7층
전 화 | (02)338-9449
팩 스 | (02)338-6543
대표메일 | bb@businessbooks.co.kr
홈페이지 | http://www.businessbooks.co.kr
블로그 | http://blog.naver.com/biz_books
페이스북 | thebizbooks
ISBN 979-11-6254-376-4   03190

한계 없이 젊은 두뇌로 사는 법

당신은 나이 들고 있는 것이 아닙니다. 사실 더 나아지고 있습니다.

여전히 많은 사람이 나이가 들면 정신 능력이 쇠퇴한다고 믿습니다. 당신도 평생에 걸쳐 매일 뇌세포가 죽는다고 생각하나요? 나이 들수록 정신 능력은 떨어지고, 오래 살다 보면 능력 저하가 계속되면서 결국 노망이 든다고 생각합니까?

저 역시 오랫동안 그렇게 생각했습니다. 만약 당신도 같다면 그런 생각을 가진 수십억 명 중 한 명인 것입니다. 전문가들이 일부러 우리를 오도한 것은 아닙니다. 자신들도 그렇게 믿고서 주장했습니다. 이런 이야기가 있습니다. 오래전 부검을 하던 두 명의 젊은 의사가 흔히 노인의 뇌 무게가 젊은 사람의 것보다 약간 적다는 사실을 발견했습니다. 그중 한 사람이 이렇게 말했습니다. "이것이 노인의 정신 능력이 쇠퇴하는 이유다." 합리적이기는 하지만 비과학적인 이 추론에서 출발한 가정은 결국 사실로 받아들여졌습니다.

이 출처가 미심쩍은 이야기 때문에 많은 사람이 오랫동안 '수백만 개의 뇌세포를 계속 잃는다'는 이론을 믿어 왔습니다. 또 여전히 대부분의 사람이 그렇게 믿고 있습니다.

인생을 바꿀 만한 뇌의 진실

훨씬 더 구미가 당기는 것은 최근 발견된 사실입니다. 게다가 이를 아는 일은 우리 인생 전체를 바꿀 수 있습니다.

우선 우리의 정신이나 지성, 지능은 매일 죽고 재생되지 않는, 제한된 수의 뇌세포로 이루어진 것이 아닙니다. 머릿속 '1.6킬로그램 컴퓨터'의 놀라운 능력은 세포 사이에서 이루어지는 상호 연결의 수가 만들어 냅니다. 그리고 그 수는 무한한 성장의 잠재력을 지니고 있습니다!

그렇다면 사후에 체중이 줄어드는 것은 왜인지 궁금증이 생길 겁니다. 저는 신체적 노화로 생기는 체액의 전반적 감소 때문일 뿐이라고 말하고 싶습니다. 물의 하루 권장량이 여덟 잔이라고 해서 꼬박꼬박 그만큼 물을 마시는 사람이 얼마나 될까요? 덧붙여 불가피한 현상이 아니라는 이야기도 하고 싶군요.

이런 오해가 널리 받아들여진 데에는 또 다른 더 심각한 이유가 있습니다. IQ 테스트가 처음 시작될 무렵 심리학자들이 노인과 젊은이의 IQ를 비교하는 연구를 진행했고, 젊은 사람이 훨씬 더 지능이 높다는 것을 증명했습니다. 이에 나이가 들면서 정신 기능이 저하된다는 결론을 내린 것이죠. 이 단면적인 연구는 매우 단순한 방식으로 진행되었습니다. 사실 지나치게 단순했죠! 두 집단에 각각 시간 제한이 있는 IQ 테스트가 주어졌습니다. 그 결과 젊은이 집단이 노인 집단보다 거듭해서 더 나은 성적을 냈기 때문에 인간의 지적 능력은 나이가 들수록 저하된다는 결론이 도출된 겁니다.

이후 어떤 영리한 심리학자가 시간 제한을 없애는 실험을 시도했습니다. 그러자 노인들은 시간이 조금 더 걸리긴 했지만 젊은이들과 비교했을 때 훨씬 더 나은 성적을 냈습니다. 시간이 더 필요했던 이유는 두 가지로, 우선 테스트 유형이 젊은이들에게는 친숙한 것인 반면 노인들에게는 낯설었습니다. 또 노인의 뇌에는 오랜 세월에 걸친 경험이 담겨 있어 문제를 생각할 때 처리할 정보가 더 많았기 때문이었습니다.

결국 심리학자들은 종단적 지능 테스트를 고안했습니다. 긴 시간에 걸쳐 한 사람의 지능 테스트를 매년 실시해 동일인의 결과를 비교하는 것이죠. 어떤 결과가 나왔을까요? 시간이 흐르면서 여러 측면의 결과가 향상되었습니다!

이 흥미로운 새로운 정보가 어떤 의미인지 생각해 보세요. 자신의 잠재력을 믿고 뇌를 계속 자극한다면 나이를 먹는 동안 점점 나아질 수 있다는 것입니다!

브레인 플래시 ◢ **노화 프로세스를 스스로 설계하라**

노화는 운명과 다르다. 개개인이 자신의 노화 프로세스를 설계하는 데 중요한 역할을 한다. (폴 발테스Paul Baltes · 마거릿 발테스Margaret Baltes, 《성공적인 노화》Successful Aging 중에서)

자극받을수록 더 진화한다

브리티시컬럼비아대학의 유전학자 데이비드 스즈키David Suzuki는 유전자가 인간의 성격을 결정하는 데 근본적인 역할을 하기는 하지만 '정말 중요한 유전자는 우리에게 무엇을 하라고 지시하는 유전자가 아니라 환경에 반응해 행동을 바꿀 수 있는 능력을 주는 유전자'라는 설득력 있는 주장을 폈습니다. 다시 말해 우리가 자유 의

지로 인식하는 것을 만들어 내는 유전자가 존재한다는 것입니다. 스즈키는 고등 포유류의 진화를 설명하며 유전자가 뇌에 통제권을 넘겨주면서 인간이 점점 유전자와 독립적으로 행동할 수 있게 되어 온 이야기라고 주장합니다.

자유 의지와 결정론 사이의 모순은 초기부터 현대에 이르기까지 철학적 논쟁의 역사 전반에 걸쳐 단계마다 다른 형태를 취하며 지속되어 왔습니다. 예를 들어 17세기 철학자 스피노자는 저서 《에티카》에서 자유 의지와 같은 것은 존재하지 않으며 절대적인 논리적 필연성이 상황을 지배한다고 주장했습니다. 즉 일어나는 모든 일은 신의 본성의 표현이며 실제로 벌어지는 일과 다른 사건이 벌어지는 것은 논리적으로 불가능하다는 것이죠. 하지만 신이 시간의 시작과 함께 봄을 보내 주고, 그 봄이 끝날 때까지 정해진 경로를 따라 움직이는 태엽 장치와 같은 우주에 우리 인간을 위치시키는 듯한 이 엄격한 결정론적 기조에 만족하지 못하는 철학자들도 있었습니다.

이 논쟁은 본성 대 양육의 논쟁이라는 측면으로 해석할 수도 있습니다. 정말 우리는 선조가 물려준 유전 물질을 증류한 존재에 불과할까요? 아니면 노출된 환경의 영향을 받을 수 있는 존재일까요? 결정론적 성향을 가진 사람들은 아마도 인간이 가진 잠재력의 가장 정확한 지표가 잉태 시 물려받은 유전적 구성이며 이를 바꾸기 위해 할 수 있는 일은 거의 없다고 주장할 것입니다. 유전적 소인이 중요한 요소임은 틀림없고, 신체 발달의 측면에서는 특히 더 그렇습니다. 부모의 키가 평균 이하라면 자녀가 농구 챔피언이 될 가능성은 낮겠죠. 그러나 정신 발달 측면에서라면 뇌는 경이로운 양의 정보를 흡수할 수 있고 나이가 어떻든 자극을 많이 받을수록 더 많은 것을 성취할 수 있는 잠재력을 갖습니다!

이 책에서 저자들은 뇌가 자극을 통해 성장한다는 이론을 지지하는, 점점 늘어나는 정보들을 탐구합니다(예를 들어 제4장에서 변화와 적응 능력에 중점을 둔 TEFCAS 모델을 소개합니다). 뇌는 더 많은 자극을 받을수록 더 강력하게 진화합니다. 어떤 발달 단계에 있든 말입니다.

뇌의 성장 잠재력은 한계가 없다

우리 인간은 모두 잠재적 레오나르도 다빈치입니다! 르네상스의 위대한 조각가 미켈란젤로조차 자신의 작품을 '돌덩어리 안에 이미 존재하던 이미지를 드러낸 것'이라고 표현했지요. 현재 진행 중인 인간의 발달도 같은 관점에서 바라볼 수 있습니다.

당신이 적절한 방식으로 사용한다면(또 저자들이 이 책에서 소개하는 전략대로 두뇌를 사용한다면) 당신의 두뇌를 발전시킬 수 있는 잠재력은 무궁무진합니다.

장 부잔

우아하게 나이 들기 위해 알아야 할 것들

역사에는 미켈란젤로부터 현대무용가 마사 그레이엄Martha Graham에 이르기까지 인생의 말년에 탁월함을 보여준 사례가 많다. 주요 요인은 다음과 같다.

- **사회에 참여하라.** 사회활동에서 물러난 노년층의 노쇠가 가장 빠르게 진행된다.
- **정신적으로 활발하게 움직여라.** 고등 교육을 받고 지적 호기심을 계속 유지하는 사람들은 노년기까지 언어 지능이 증가하는 경향이 있다.
- **유연한 성격을 가져라.** 한 연구에서 중년 시기에 모호함을 누구보다 잘 견디고 새로운 경험을 즐기는 사람들이 노년이 될 때까지 정신적 기민함을 가장 잘 유지한다는 사실을 발견했다.

이 새로운 관점에는 뇌가 노화와 함께 급격히 퇴화한다는 개념을 공격하는 데이터가 수반된다. 노인의 뇌에 치명적인 세포 손실이 있다는 광범위한 믿음(이와 관련해 술을 마실 때마다 많은 수의 뇌세포가 파괴된다는 주장)은 이제 근거가 없는 것으로 보인다. 버클리대학 신경해부학자 매리언 다이아몬드Marion Diamond는 이런 믿음의 근원을 추적했지만 이를 입증하는 확실한 연구는 찾지 못했다. (《인터내셔널 헤럴드 트리뷴》The International Herald Tribune 중에서)

또 하나 흥미로운 사실이 있다. 수영 기록을 살펴보면 나이가 속도를 내는 데 장애가 되지 않는다는 것을 알 수 있다. 2021년 12월 월드 마스터즈 수영World Masters Swimming 장거리 부문 통계에 따르면 남자 50미터 자유형에서 35~39세 그룹은 평균 22.76초, 55~59세는 24.45초, 80~84세는 31.96초를 기록했다. 나이에 따른 신체 능력 저하가 대단히 적은 것이다. 여자부 기록은 위의 모든 구간에서 평균 3~5초 느리지만 남성과 마찬가지로 나이에 따른 감소율은 높지 않다.

나이를 이기는 두뇌는 스스로 만든다

마흔이 되지 않은 사람은 내 책을 읽을 수 없다.

-모세스 마이모니데스Moses Maimonides,
《당혹스런 사람들을 위한 안내서》A Guide for the Perplexed 중에서

이 책은 4050세대, 즉 현재 전 세계 선진국에서 큰 영향력을 미치고 있는 소위 X세대와 Y세대가 주독자다. 그러나 우리는 여전히 성공에 대한 진지한 야망을 가진 50대 이상도 대상으로 삼는다. 정신력 향상에 대한 조언을 주는 모든 책은 8세든, 80세든 심지어 118세에게도 똑같이 적용될 수 있다! 시작하기에 너무 이르거나 너무 늦은 때란 없다.

이 책의 핵심은 독자를 위한 직접적이고 실용적 조언으로, 미래

에 대한 열망과 두려움을 표적으로 삼아 해결책을 제시한다. 분명 당신은 젊은 세대의 공격에 저항하고 또 '경험은 젊음의 에너지와 적응력을 대신할 수 없다'는 식의 부정적 고정 관념을 뒤집기 위해 중년 이후 무엇을 해야 신체적·정신적 건강을 연장할 수 있는지 알고 싶을 것이다. 말하자면 당신이 원하는 것은 자신의 잠재력을 극대화하고 인생의 시간이 흘렀다는 이유만으로 쓰레기 더미에 던져지지 않는 일일 것이다.

이 책은 이런 성격의 일화나 고령에서 이룬 탁월한 성취의 사례를 곁들여 우리의 조언을 분명히 전달할 것이다. 책의 세 가지 목적은 다음과 같다.

첫째, 전 세계적으로 인구 고령화 문제가 심각하게 대두되고 있다. 노화에 대한 우려를 간과할 수 없는 명쾌한 메시지로 해결해 주며, 자신의 문제임을 즉시 인식할 수 있게 해준다.

둘째, 우리의 뇌를 자극하고 건강하게 살도록 동기를 부여하는 다양한 아이디어를 제공하고자 한다. 기억하라. 정신을 많이 자극할수록 더 많은 것을 성취할 수 있다.

셋째, 인생 후반에 성공의 길을 펼친 사람들, 예를 들어 정규 교육이나 대학 과정을 마친 한참 후에야 진정한 학습 방법이나 스스로 생각하는 법을 배운 사람들이 무엇을 성취할 수 있는지를 보여주는 사례를 통해 메시지를 강화하고자 한다. 인생의 노년기에 공적을 세우거나 계속해서 길을 만들어 가는 사람들이 있다. 그런 영감을 주는 사례에 수영 신기록을 세운 100세의 오스트레일리아 할머니, 아들의 약탈적 소송에 맞선 90세의 그리스 극작가 소포클레스Sophocles의 자기 변호 등이 포함된다.

과거 어떤 사회보다 젊음에 대한 숭배와 다음 세대에 길을 내주려 50대(심지어는 40대)를 폐기 처분하는 경향이 강하다. 하지만 이러한 통념은 우리가 배운 모든 것과 모순된다. 과거와 현재의 위인들에 대한 수십 년간의 연구를 살펴보면 인간이 일반적으로 쇠퇴한다는 나이에 놀라운 힘과 활력, 야망, 엄청난 추진력을 보여준 중장년층의 놀라운 모습이 계속 목격된다. 또한 위대한 천재들의 작품이 나이가 들면서 더 발전하는 경향을 보였다는 사실에 주목해야 한다. 괴테, 셰익스피어, 베토벤, 미켈란젤로가 그 예다. 대체로 이들의 걸작은 나이가 가장 많은 시기에 만들어진 마지막 작품이었다.

실제로 이 책의 저자인 토니 부잔은 전 세계 강연 투어를 다니며 나이 든 청중들의 탐구심과 배우려는 자세에 매번 깊은 인상을 받는다. 다시 말하지만 이런 모습은 나이 든 사람들이 새로운 정보와 기술에 저항한다는 기존의 고정관념과 모순되는 것이었다.

50대는 왜 회사를 나와야 하는가

올해 내 친구 여럿이 50세가 된다. 그중 한두 명은 풍요와 성취 면에서 높은 자리에 앉아 근사한 파티를 열었다. 하지만 그 파티의 손님들은 다른 이야기를 들려준다. '반세기'라는 이정표가 더 오래, 더 멀리 지속될 거라고 생각했던 그들의 커리어를 끝내버린 경우가 더 많은 것이다. 그들은 최근 기업의 '다이어트 계획'에서 덜어내야 하는 '살'로 여겨졌다. 몇몇은 다국적 기업의 중간급 임원 대상 대량 해고의 피해자다. 이때 검색 프로그램에서는 나이가 첫 번째 매개변수인 경우가 많다. 젊은 피들에게 길을 열어 주기 위해 수익을 창출하는 주류에서 밀려난 전문가들은 간접비를 줄여야 하는 현실에 당혹감을 느낀다. 잠재력을 미처 다 발휘하지 못한 세대가 기업 피라미드에서 추락하고 있다. (그레이엄 사전트Graham Sargeant, 〈런던타임스〉 중에서)

노화와 뇌의 관계를 재정의하다

이 책에 인용한 증거들은 노화에 대한 새로운 관점에 가장 고무적인 발견이다. 여러 출처에서 나온 증거가 나이 드는 과정에서 뇌를 적절히 잘 사용한다면 물리적으로 변화해 시냅스 연결을 효율적으로 만들어 연상 능력power of association (다른 정보나 아이디어를 연결하는 두뇌 능력—옮긴이)을 개선할 수 있다고 말한다.

아인슈타인 사후의 뇌 부검이 좋은 사례다. 그의 뇌에는 신경아교세포glial cell가 정상보다 400퍼센트 더 많다는 사실이 드러났다. 이 세포는 특히 뇌 회로의 상호 연결을 돕는다. 이 영향으로 아인슈타인은 겉보기에 전혀 별개로 보이는 항목들을 연결하는 능력을 평균 이상으로 끌어올릴 수 있었을 것이다. 물론 이런 측면에서 그의 능력은 단지 예외 사례일 수도 있다. 하지만 그의 뇌가 보여준 것은 우리에게 고무적인 증거임에는 틀림없다.

이 책은 나이를 먹으면 필연적으로 뇌가 쇠퇴한다는 오해를 불식시킬 것이다. 많은 사람이 나이가 들면서 매일 수백만 개의 뇌세포가 점진적으로 감소한다고 믿는다. 이는 사실이 아니다. 이는 실질적 증거 없이 오랫동안 입에서 입으로 전해져 온 근거 없는 믿음이다. 적합한 연구로 뒷받침된 과학적 출처의 증거를 인용하여 이 해로운 거짓말을 반박하고자 한다. 실제로 시냅스 연결은 적절한 뇌 운동을 통해 물리적 개선이 가능하다. 끊임없는 도전과 문제 해결이 두뇌를 물리적으로 나아지게 한다.

노화와 뇌의 능력 쇠퇴에 대해 무엇보다 개선해야 하는 것은 우리의 인식이다. 이전 인류 사회에서는 노인을 공경하고 숭배하는 명칭이 가부장, 여성 족장, 신관, 현자, 장로, 선견자 등 다양하게 발전해 쓰였다. 반면 현대사회에서 일반적으로 노인층에 부여되는 성격적 특성은 고집불통, 완고한 사람, 융통성 없는 사람 등의 부정적인 고정관념이다. 어떻게 이런 상황이 된 것일까? 이런 부정적인 표현은 긍정적인 특성으로 보아야 할 것을 왜곡하거나 반전시킨 것이다. 예를 들어 완고함은 단호함으로 재해석해야 한다. 경멸적인 성격의 용어를 재정의해 그 기반이 되는 긍정성을 드러내는 것이 중요하다.

우리는 뇌를 성장시킬 수 있다

이 책은 두뇌 개선을 위해 유산소 운동 요소가 있는 신체 활동을 권장하며 균형 잡힌 식단의 중요성과 흡연 및 과도한 음주의 해로운 영향을 강조한다. 그러나 이보다 더 중요한 것은 정신 운동도 권장한다는 점이다. 정신 능력을 확장하고 새로운 한계에 도전하기 위해 뇌를 단련하는 두뇌 체조로 마인드 스포츠mind sports (체스, 브리지, 바둑 등 전략적 사고와 문제 해결력, 정신적 민첩성이 필요한 활동이나 게임—옮긴이), 두뇌 티저brain teaser (뇌를 테스트하고 자극하기 위해 고안된 퍼즐, 수수께끼 또는 정신적 도전—옮긴이), 퍼즐 등을 추천한다. 또한 별도로 기억력과 창의력 기법을 직접 연구해 50대 이상의 중장년층이 젊은 사람들과 경쟁하고 그들보다 한 수 앞서는 방법을 제시할 것이다.

덧붙여 다른 측면의 이야기도 한다. 현재의 의학적 사고는 알츠하이머병을 설명할 때 본질적으로 나이가 들면서 비활성화된 뇌가 썩어 가는 현상의 일종으로 본다. 이 이론을 살펴보며 우리에게 가능한 방어 시스템이나 역전할 방법이 있는지, 만약 있다면 그 방법이 무엇인지 분석할 것이다.

이 책에서 제공하는 프로그램은 실용적인 단계들로 이루어져 있으며 각각의 단계에는 구체적인 사례가 제시된다. 우리는 독자들이 스스로에게 자부심을 갖고 상상력과 창의력을 발전시키며, 궁극적으로는 목표 달성에 도전하고 그 한계를 넓혀 나가도록 격려하는 것을 목표로 한다. 분명 독자들은 '어떻게 실천에 나설 수 있을까?'하는 궁금증을 가질 것이다. 우리는 여기에서 나이를 먹어도 뇌가 나빠지지 않게 하는 데 도움을 주는 실용적인 조언을 제공할 것이다.

여기서 잠시 간단히 살펴보자. 먼저 유산소 운동은 체내에 산소의 운반 효율을 높이는 데 매우 중요하다. 빠르게 걷기, 격렬한 스쿼시 게임, 수영, 자전거 타기, 줄넘기, 역기를 이용한 서킷 트레이닝(여러 가지 운동을 순차적으로 수행하는 종합 체력 관리법—옮긴이) 등 그 형태가 다양하다. 제7, 8장에서는 심혈관 건강을 유지하고 개선하기 위한 광범위한 지침을 제공한다.

신체적 자극을 다루고 뇌 역시 신체의 일부라는 사실을 강조했으니 이제 정신적 자극이라는 필수 영역으로 넘어가보자. 여기에는 마인드 스포츠, 수수께끼, 퍼즐이 포함된다. 지난 수십 년 동안 신문과 잡지들이 한 면을 할애해 이런 두뇌 문제에 대한 끊임없는 수요를 충족시켜 온 것은 실수가 아니다. 오늘날 간소화된 신문과 잡지에서도 십자말풀이, 스도쿠, 워드 스크램블word scramble(철자를 재배치해 단어를 맞추는 놀이—옮긴이), 체스 퀴즈를 쉽게 만날 수 있다. 해당 매체 편집자들은 독자가 재미와 두뇌 단련을 위해 이런 아이템을 필요로 하고 원한다는 사실을 잘 안다.

일상에서 간단하고 효과적으로 적용할 수 있는 기억 시스템도 이야기할 것이다. 복잡한 공식이나 목록, 강의 및 시험, 발표 자료를 기억하는 데 도움이 되는 '기억 극장'memory theater 과 부잔이 특허를 갖고 있는 다채로운 '마인드맵'Mind Map 을 설명한다. 마인드맵은 재미있고 흥미로울 뿐 아니라 대단히 유용하다.

많은 사람이 어떻게 하면 창의력을 높일 수 있을지 궁금해 한다. 보편적으로 40대가 넘은 사람 대부분은 창의적인 추진력의 감소를 겪는다고 믿는다. 예를 들어 수학 학계에서는 26세가 넘은 수학자에게서 가치 있는 연구가 이루어지지 않는다고 여기는 것이 일반적이다. 사실 대다수의 사람은 창의성에 있어 부정적인 사고에

간혀 있다. 산출하는 아이디어의 수가 많아질수록 질이 떨어진다는 잘못된 믿음을 갖고 있는 것이다. 이 책에서는 창의력 저하에 대한 광범위한 오류를 극적으로 드러낼 것이다. 부잔의 강연에 참석한 사람들은 이 주제에 대한 그의 주장이 "삶을 변화시킨다."라고 표현했다.

브레인 플래시 ⟩ **오랜 역사를 가진 마인드 스포츠**

마인드 스포츠, 특히 체스가 우리에게 그토록 중요한 이유는 무엇일까? 문화의 역사 전반에 걸쳐 마인드 스포츠의 기량은 보통 지능과 연관이 있었다. 마인드 스포츠를 살펴보면 특별한 내력을 갖고 있다. 대영박물관 서아시아 유물부의 어빙 핀켈Irving Finkel 박사에 따르면 팔레스타인과 요르단에서 발견된 체스판은 기원전 약 7,000년의 신석기 시대로 거슬러 올라간다고 한다. 놀랍게도 이 시기는 당시 사회에 문자와 도기가 도입되었다고 알려진 때보다 훨씬 앞선다. 또 보드 게임의 대부분이 무덤에서 발견되었다는 것은 망자의 영이 사후 세계로 안전하게 가기 위해 지하 세계의 신들과 게임을 해야 한다고 믿었을 가능성이 높다는 사실을 보여준다. 오늘날 보드 게임은 죽은 자를 위한 IQ 테스트로 여겨지진 않지만 정신적 기량의 상징으로써 그 관련성은 그대로 유지되고 있다.

나이의 장벽을 부수다

기존의 유전적 사고에서는 인간 수명이 85세에서 최대 125세까지 확장되는 상한이 있다고 본다. 이 궁극의 연령 장벽을 부술 수 있을지 최신 연구를 인용해 탐구해볼 것이다. 이는 대단히 중요한 철학적 질문이자 의학적 질문이다. 또 이 책은 성생활, 사랑, 연애와 관련해 뇌의 노화를 살펴본다. 일흔에 더 나은 섹스가 가능할까? 신체가 건강하고 정신적으로 기민한 상태를 유지한다면 성생활은 해가 가면서 쇠퇴하는 것이 아니라 오히려 점점 커지는 즐거움의 원천이 될 수 있음을 보여줄 것이다.

앞서 언급했듯 과거와 현대의 '므두셀라'Methuselah (구약성서에 나오는 인물로 나이가 아주 많은 사람을 뜻한다—옮긴이), 즉 노익장을 과시한 사람들의 이야기를 들여다볼 것이다. 셰익스피어, 괴테, 베토벤, 브람스, 미켈란젤로 등 나이가 들면서 성과가 확연히 나아진 예술가나 리더, 마인드 스포츠 챔피언, 평범한 성취자들의 주목할 만한 사례를 보여준다. 60세에 시작해 90세까지 1급 크리켓에서 8,500명의 타자를 아웃시키고 2만 6,000득점을 기록한 19세기 크리켓 선수 찰스 앱솔론Charles Absolon 과 같이 비범한 성취자들의 기이하거나 매혹적인 사례를 소개할 것이다. 앱솔론은 57세 때 단 한 시즌 동안 500명의 타자를 아웃시키기도 했다.

또 마인드 스포츠 분야와 베테랑 체육 올림픽Veterans' Olympics for Physical Sports에서 배출된 놀라운 기록도 살펴본다. 이러한 통계는 모든 수준에서 신체 건강을 위해 노력한 노년 세대가 속도, 지구력, 근력, 유연성에서 이룬 엄청난 발전과 가속화를 보여준다.

이 책의 주장은 대단히 인상적이며 기존의 생각을 뒤집을 것이다! 우리가 잘 쓰기만 한다면 뇌는 나이가 들수록 개선된다. 이를 증명하기 위해 다른 사람들이 어떻게 성공해냈는지, 또 혼자 어떻게 해낼 수 있는지 보여주겠다. 생각해보면 이 혁신적인 새 가설은 단순한 논리에 부합한다. 나이 든 사람은 젊은 사람보다 경험이 많고 따라서 재교육을 받거나 두뇌 능력을 겨뤄야 할 때 더 잘 적응할 수 있다고 말이다.

지구상 인구의 절반을 넘어선 세대

많은 사람이 은퇴를 두려워하고 동시에 경험 측면에서 사회에 기여할 수 있는 대단한 능력을 낭비하고 있다고 느낀다. 이 책은 나이가 들어도 사고력, 창의력, 전반적인 잠재력이 시들기는커녕 오히려 증가할 수 있다는 것을 최신의 과학적 증거를 통해 명확하고 간결하게 설명한다. 여가시간이 늘어난 많은 은퇴자가 여전히 눈

부신 수준의 성과를 달성할 만한 능력을 갖고 있다고 굳게 믿는다. 더 이상 평생 직장이 존재하지 않는 현재의 추세는 적응과 경쟁이 필요하다는 것을 증명한다. 이 책은 그에 대처할 방법을 제시할 것이다!

이제 세계 인구는 고령화되고 있다. 기대 수명은 늘어나는 반면 출산율은 감소 중이다. 세계보건기구who는 "이런 인구학적 변화로 60세 이상 인구의 수와 비율이 증가하고 있으며 그 결과 역사상 처음으로 노인 인구가 젊은 인구보다 많은 시대가 빠르게 다가오고 있다."라고 말한다. 많은 사람이 40~50대에 접어들면서 미래가 어떻게 될지 궁금해 한다. 또 전 세계 정부도 노령 인구를 어떻게 하면 가장 잘 활용하고, 돌보고, 혜택을 얻을 수 있을지 고민하고 있다. 나이 든 세대는 국가와 세계 경제에서 자원을 잡아먹는 존재가 될까, 아니면 자원이 될까? 곧 지구상에 80억 인구 중 절반 이상이 60세를 넘어서게 될 것이다.

저자들 역시 이런 노령 세대에 속한다. 따라서 이런 문제들을 잘 이해하고 있으며 직접 구체적인 해결책을 고안했다. 당연히 이 책에서 제안하는 해법에 확실한 믿음을 가지고 이야기한다. 가상의 어젠다를 내보이는 것이 아니라 실제로 삶에서 실천하는 것을 전하기 때문이다!

지금 실천해야 할 것들

일단 이 책을 읽어라! 각 장의 마지막에 지속적인 발전을 위한 구체적 조언과 실용적 단계를 제시할 것이다. 신체와 뇌 기능이 저하되는 것은 정도는 다르지만 다음의 원인이 있는 경우가 많다.

- 부적절한 운동과 건강에 해로운 식단
- 흡연 및 과도한 음주
- 실제 느끼는 대로 행동하지 않고, 흔히 나이 든 사람이 하는 행동을 선택하여 예상되는 행동 패턴에 따르는 것

위의 문제 원인을 해결하면 당신은 더 만족스러운 삶을 영위할 수 있다. 앞으로 이 목표를 달성하기 위해 해야 할 일과 하지 말아야 할 일을 알려줄 것이다.

스스로 동기를 부여하고, 끊임없는 자극을 위해 노력하고, 건강을 유지한다면 당신도 슈퍼스타가 될 수 있다.

영국은 50세에서 66세 이후에 해당하는 국가연금 수령 연령State Pension Age(이하 SPA) 사이의 노동 인구 비율이 2012년 26퍼센트에서 2050년 34퍼센트로, 약 550만 명 이상 증가할 것이다. 이는 SPA의 상향에 더해 소위 '베이비붐 세대'가 이 연령대에 이른 결과다. 따라서 영국의 생산성과 경제적 성공은 노령 인력의 생산성과 성공에 점점 더 밀접히 연관된다. 노령자들이 일을 계속하도록 장려하는 것은 사회가 점점 더 많은 부양인구를 지원하면서 개인에게 더 길어진 은퇴 시기까지 필요한 재정적·정신적 자원을 제공하는 데 도움을 줄 것이다. 현재 영국 내 50세의 고용률은 86퍼센트, 60세 고용률은 65퍼센트, 65세 이상 고용률은 31퍼센트로 나이가 많아질수록 감소하고 있다. 특별히 관심을 두어야 할 영역은 다음과 같다.

- 노령 인구가 전업으로 더 오래 일할 수 있도록 지원한다. 이는 계층에 따라 고용률의 차이가 발생하는 원인을 조사하는 것을 의미한다.
- 직장에 적응하도록 돕는다. 즉 고령 근로자에 대한 부정적인 태도를 제거하고 건강상의 필요를 해결하며 업무 환경을 개선하고 신기술에 대한 접근을 장려한다. 인사 정책과 업무 관행도 조정한다.
- 개인의 평생교육을 보장한다. 근로 생활 기간이 길어지고 회사가 큰 변화를 겪으면서 직업 관련 교육은 경력 초기에 있는 사람들과

마찬가지로 중장년층에게도 중요해질 것이다. 이를 위해 영국은 개인이 경력 전체에 걸쳐 훈련과 재교육re-skilling 기회를 얻을 수 있는 모델로 나아가야 할 것이다. (영국 과학청, 〈고령화 인구의 미래〉Future of an Ageing Population 중에서)

· 제1장 ·
뇌의 무한한 잠재력을 발견하다

· 제2장 ·
나는 몇 살까지 살 수 있을까

교육은 번영의 장식품이자 역경의 피난처다. 교육은 노후를 위한 최선의
준비다. 산 자가 죽은 자보다 낫듯 교육 받은 자는 그렇지 못한 자보다
훨씬 나은 위치에 선다.

— **아리스토텔레스**

제1장

뇌의 무한한 잠재력을
발견하다

이 장에서는 저자들의 사연을 소개할 것이다. 부잔과 레이먼드 킨 두 사람은 같은 시기에 서로 다른 곳에서 연구를 수행하며 '26세가 되면 뇌의 성장이 멈춘다'는 통념과 달리 위대한 천재들의 경우 시간이 지날수록 점점 더 좋은 성과를 얻는 이유를 밝혀내고자 했다.

저자들이 발견한 통계적 결과는 원자적 구성 요소 측면에서나 해부학적 구조 측면에서 뇌의 타고난 잠재력이 일반적으로 가정한 수준보다 훨씬 더 높다는, 아니 무한하다는 사실을 보여주었다. 이를 근거로 했을 때 우리 일생에 걸친 성장 잠재력은 지금껏 체계적으로 심각하게 과소평가되었다는 결론을 내릴 수밖에 없다. 따라서 이 희망적인 정보는 전 세계 인구 고령화에 따른 도전과 기회에 직면한 인류에게 가장 긍정적이고 유망한 신호라 할 수 있다.

이 책의 기원은 지난 10년간 새로운 아이디어의 불똥들이 만나 점화된 세 번의 특별한 순간에서 찾을 수 있다.

뇌의 능력은 과소평가되었다

첫 번째 순간은 부잔이 IQ가 높은 사람들의 모임, 멘사MENSA에 서 발행하는 잡지의 국제판 편집자였을 때 찾아왔다. 그는 인간의 뇌와 지능에 대해 수집한 정보를 처리하고 그 정보를 기반으로 제 안을 해달라는 요청을 받았다. 그리고 그는 생화학, 수학, 물리학, 심리학, 철학 등 여러 분야의 연구자가 뇌와 정신, 신체의 관계와 뇌의 잠재력에 대한 질문에 끌릴 수밖에 없다는 사실을 발견했다. 한편 비주류 과학은 전통적인 연구 분야에 상당한 혼란과 도전을 야기하고 있었다.

지금은 정신이 심장 박동, 산소 섭취, 내부 장기와 뇌파를 의식적 으로 제어할 수 있는 여러 층의 상호 연결된 네트워크로 이루어진 구조라는 데 의심의 여지가 없다. 또한 정신이 여러 기능에 대해 과 거에 가정했던 것보다 훨씬 더 광범위한 통제력을 갖는다는 증거 도 있다. 사람들이 깊은 명상이나 최면 상태에서 통증을 느끼지 않 고, 신체의 일부를 완전히 마비시키고, 원인이 뚜렷하지 않은 대규모 피부 발진을 일으키고(바로 즉시 사라지게도 하고), 미리 정해진 증상을 인위적으로 유도하고, 보통은 슈퍼맨이나 광인의 속성인 특별한 힘을 발휘하고, 불치병처럼 보이는 질병을 스스로 치료하는 모습이 관찰된 것이다.

학계에서 연구자들은 기억 유지와 회상 실험을 수행했고, 이는 뇌의 기본 저장 용량으로 사람들이 자신의 경험과 존재와 관련된 기억을 제한 없이 저장할 수 있음을 시사했다. 전자공학적으로 뇌 활동을 검사 받은 피험자들은 평생에 걸쳐 무작위로 발생한 상황을 다감각적으로 완벽하게 기억해냈다. 또한 기억력에 대한 최신 연구는 전기적 자극 없이도 뇌가 서로 연결성이 없는 7,000개의 항목을 기억할 수 있는 것을 보여주었다. 기억해야 할 항목의 수가 증가해도 성능 저하 없이 순서대로, 임의의 순서로 혹은 역순으로 기억하는 일이 모두 가능했다.

이런 관점에서 인간의 학습과 잠재력에 대한 전면적인 재평가가 이루어져야 한다. 우선 고려해야 할 사항은 사실상 무한한 상호 연결 가능성을 지닌 것으로 추정되는 '뇌'라는 기관을 교육할 수 있는 가장 좋은 방법이 무엇인가 하는 점이다. 우리가 뇌의 이 능력을 사용할 수 있다면 기본적이며 유연하지 못하고 선형적인 접근법은 더 이상 받아들일 수 없다는 것이 분명해진다.

뇌의 능력을 시험하는 표준적인 심리학적 방법을 완전히 없애지는 않더라도 전면적으로 개선해야 한다는 것 역시 분명하다. 예를 들어 뇌가 어떤 도움 없이도 다차원적 이미지, 입체적 이미지, 다양한 색채의 이미지, 독창적 이미지, 투사 이미지 등을 만들 수 있다는 사실을 깨달은 상황에서 잉크 얼룩 모양의 질문에 대한 답과 같은 부자연스러운 기준으로 뇌의 능력을 판단하는 것은 우스꽝스러운 일이다. 공상, 환영 등 다양한 이름이 붙는 이 능력은 당연한 것으로 여겨지거나 폄하된다. 그러나 약간의 예리함만 있다면 자신만의 창조물을 만들고 그와 동시에 관찰할 수 있는 놀랍도록 강력한 능력을 깨달을 수 있을 것이다.

마찬가지로 일반적인 적성을 표준 IQ 테스트로 측정하는 것은 불합리하다. 독창성이 부족한 도구들을 써서 어떤 사람이 다른 사람보다 더 흥미롭다거나 더 능력이 있는가를 측정하는 방식에서 이제 진화해야 할 때가 됐다. 이제는 남성, 여성, 우주를 있는 그대로 봐야 한다. 즉 이들이 서로 복잡하게 연결되어 있고, 무한히 흥미로우며 매혹적이고, 범주를 나누고 구분하는 대상이기보다는 이해해야 할 가치가 있는 존재로 바라봐야 할 때다.

위대한 걸작은 인생 후반에 탄생했다

부잔이 인간의 뇌에 대해 수집한 정보의 의미를 고민하던 시기에 킨은 케임브리지대학 트리니티 칼리지에서 유럽의 문학, 언어, 역사, 문화를 아우르며 특히 독일의 천재 작가 괴테를 연구하고 있었다. 킨은 주위 학자들로부터 26세가 되면 창의력의 불씨가 꺼진다는 충고를 거듭 들으며 시달렸다. 또 체스 선수(킨의 두 번째 직업은 체스 선수다)도 26세가 되면 정점에 이르고 이후 한물 간 실력을 보인다는 말도 흔히 들었다. '마흔 살처럼 생각한다'는 말은 체스 선수들이 쓰는 경멸의 표현이었다.

하지만 학계의 이런 진부한 통념은 킨의 연구 결과와 배치되었다. 그가 자주 연구하는 체스 챔피언, 예술가, 작가, 초문화적 거장, 영감을 주는 위인과 천재들이 나이 들수록 더 나은 작품을 내놓는 경우가 예외적인 것이 아니라 자주 나타난 것이다. 이전 모든 작품을 초라하게 만든 예술가들의 절정의 창작은 그들의 마지막 작품이었고, 나이가 가장 많은 때에 결실을 맺는 경우가 많았다. 마치 모든 위인이 분명한 창조적 비전과 목적을 갖고서 믿기 힘든 수준의 결단력과 끈기로 그 성취를 향해 끝까지 분투한 것 같았다.

이 사실이 의심된다면 예술가의 걸작이 언제 만들어졌는지 시간순으로 붙여 놓은 숫자를 검토해보라. 베토벤이 쓴 아홉 개의 교향곡 중 9번이 그의 창조적 정점이라는 사실을 누가 부인할 수 있을까?《파우스트》의 제2부가 괴테가 쓴 가장 깊이 있고 의미심장한 작품이라는 사실을 누가 부인할 수 있을까? 사례는 더 있다. 셰익스피어의 후기 희곡이자 마지막 원고인《템페스트》는 가장 마법 같은 작품이다. 레오나르도 다빈치는 52세에 〈모나리자〉를 그리기 시작했다. 미켈란젤로는 63세에 로마 성 베드로 대성당의 교황청 건축 책임자로 일하기 시작했다. 브람스가 51세에 작곡한 마지막 교향곡 4번은 웅장한 구조와 풍부한 멜로디, 화성, 음조에 있어 이전 모든 작품을 넘어서는 곡이다. 놀라운 사실은 그의 나이 43세가 되어서야 첫 교향곡 작곡에 착수했다는 점이다. 콘스탄티노플(오늘날의 이스탄불)에서 오스만제국의 궁정 건축가로 활동했던 미마르 시난Mimar Sinan 은 인생의 역작이라 할 수 있는 셀리미예 모스크Selimiye Mosque를 80대에 지었다.

　의식적이지는 않더라도 집단적으로 심각한 오해들이 발전해 온 것이 분명하다. 학자들은 학생들에게 증명되지 않은 것을 가르치면서 동시에 자신의 말과 배치되는 작품을 강의하고 있었다. 이는 조사와 이의 제기가 모두 필요한 현상이다.

학습, 사고, 자기계발은 멈춰선 안 된다

세 번째 중요한 사건은 1986년 4월 '터닝포인트'Turning Point라는 조직이 부잔에게 스톡홀름에서 열린 월례 회의 연설을 부탁하면서 일어났다. 이름이 말하듯이 터닝포인트는 인류, 사실 지구 전체가 전환점에 서 있다고 느끼는 인사들이 모여 만든 조직이다. 이들은 인류의 미래에 긍정적인 기여를 하기 위해 개인으로서는 물론 조직으로서도 가능한 한 많은 정보를 습득해야 했다. 부잔은 뇌에 대한 강연을 하는 동안 설문지를 나눠주었다. 조직 구성원들에게 학습 능력, 지능, 전반적인 자기 평가, 미래에 대한 희망 등 다양한 범주에 걸쳐 0~100점을 척도로 측정하는 자기 평가 설문지였다.

설문을 마친 결과, 각 범주의 평균 점수가 60~70점으로 나왔다. 이는 분명 평균을 웃도는 수치였지만 미래에 대한 희망과 미래에 기여할 수 있다는 믿음으로 모인 조직에 기대할 만한 수준에는 훨씬 못 미쳤다. 부잔은 뇌와 미래에 대해 논의를 계속 진행하면서 '이들과 같은 개인을 도와 표준적이고 형식적인 학습의 단계를 뛰어넘어 지속적으로 스스로를 재생산하고 확장하는 방식으로 타고난 경이로운 능력을 개발하게끔 도울 방법은 없을까?'라는 생각을 했다. 학습, 사고, 자기계발은 정규 교육이 끝난 뒤에도 멈춰서는 안 된다고 생각한 것이다.

지금 실천해야 할 것들

　이런 서로 다른 아이디어 융합의 결과로, 저자들은 따로 또 함께 인간이 정말 어떤 존재인지, 뇌의 잠재력은 무엇인지에 대한 데이터를 수집했다. 이 책은 두뇌와 정신 능력이 지속적으로 더 많이 발전하기를 원하는 사람들에게 명쾌한 해답을 제기한다. 8세부터 80세, 그 이후까지 나이와 상관없이 평생 동안 뇌에 접근해 잘 활용하고 싶은 모든 사람을 위한 책이다!

　거듭 강조했듯 뇌의 창의력과 기억력은 무한한 가능성을 갖고 있고, 나이가 들면서 쇠퇴하는 것이 아니라 오히려 강화될 수 있다는 관점을 입증하는 연구들이 계속 늘고 있다. 그럼 지금부터 그 방법을 이야기해보자. 우선 이어지는 제2장을 읽고 당신의 예상 수명을 파악하라. 그러면 수명을 늘리고 당신에게 주어진 시간의 질을 최대화하는 일에 착수할 수 있을 것이다.

브레인 플래시　**뇌에 대한 완전한 이해가 필요하다**

　뇌 연구에서 일어나는 일을 설명할 때에는 어떤 대단한 표현도 부족하다. (…) 하버드대학 신경생물학 교수 제럴드 피시백Gerald Fischback은 인간의 조건을 탐구하는 철학자들이 더 이상 '어떤 과학보다 시급하고 도전적이며 흥미진진한' 뇌 실험을 무시할 수 없다고 말한다. 그는 "우리의 생존, 아마도 이 지구의 생존은 인간의 정신에 대한 보다 완전한 이해에 달려 있다."라고 말했다.

뇌의 무게는 설탕 한 봉지의 무게 정도로, 체중의 약 2퍼센트에 불과하다. 하지만 신체가 필요로 하는 에너지의 최대 20퍼센트를 사용한다. 모든 인간의 머리에는 1조 개의 신경세포가 가득 차 있다. 당신의 두 귀 사이에는 우리 은하에 있는 별들만큼이나 많은 세포가 있는 것이다. 각 신경세포는 최대 10만 개의 다른 신경세포와 연결될 수 있다. 인간의 뇌 피질(뇌의 바깥층)에 있는 신경세포 간 연결을 1초에 하나씩 헤아린다면 무려 3,200만 년이 걸릴 것이다. 각 연결에 최소 50개의 서로 다른 화학 전달 물질이 관여하기 때문에 인간의 뇌는 우리가 알고 있는 가장 복잡한 구조다.

기원전 428년에 태어난 그리스 철학자 플라톤은 이런 정확한 결론을 내린 바 있다. "뇌는 지각과 청각, 시각, 후각의 근원이 되는 힘이다."

(〈인디펜던트〉The Independent 중에서)

여호와께서 이르시되 나의 영이 영원히 사람과 함께 하지 아니하리니 이는
그들이 육신이 됨이라. 그러나 그들의 날은 120년이 되리라 하시니라.
— 창세기 6장 3절 중에서

제2장

나는 몇 살까지
살 수 있을까

이 장은 나이와 관련된 일반적인 오해를 향한 도전이자 전투 준비 명령이다. 여기서 당신은 인간의 수명에 관한 보기 드문 현실을 접하게 될 것이다. 또한 자신의 기대 수명을 계산할 수 있는 테스트를 만나고, 다양한 요인을 근거로 기대 수명을 적절하게 조정하는 방법을 배우게 될 것이다.

기대 수명은 점차 늘고 있다

중국 철학자 공자(기원전 551~479년)의 가문은 다른 어떤 가문보다 역사가 길다. 공자의 6대조 공보가는 기원전 8세기부터 이름이 알려진 이였으며 공자의 80대 본관 후손인 쿵여우런은 2006년 타이베이현에서 태어나 21세기 대만에서 2,500년 전 현자의 혈통을 잇고 있다.

유엔UN의 추산에 따르면 2015년 전 세계 100세 이상 인구는 약 50만 명으로, 1990년에 비해 네 배 이상 증가했다. 이런 증가세는 가속되어 2050년에는 100세 이상 인구가 총 370만 명에 이를 것으로 예상된다. 15세 미만 아동의 비중은 2010년에 기록된 26.6퍼센트에서 2050년에는 21.3퍼센트로 감소하는 반면 65세 이상 인구의 비중은 2010년의 7.7퍼센트에서 2050년에는 15.6퍼센트로

▎1950년, 2010년, 2050년의 연령별 세계 인구 분포

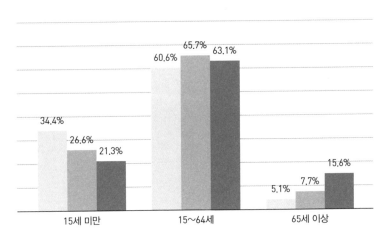

두 배가 될 것으로 예상된다.

100세 인구수 항목에서 미국이 7만 2,000명으로 세계 1위를 점하고 있으며 그 뒤를 일본, 중국, 인도, 이탈리아가 따른다. 그러나 인구 1만 명당 100세 이상 인구수를 살펴보면 일본이 4.8명으로 세계 1위이며 이탈리아(4.1명), 미국(2.2명), 중국(0.3명), 인도(0.2명)가 그 뒤를 잇는다.

미국국립보건원National Institutes of Health , NIH 산하 국립노화연구소 National Institute on Aging, NIA 가 의뢰하고 미국통계국이 작성한 보고서 〈고령화 세계: 2015〉Aging World: 2015 에 따르면 전 세계 인구의 약 8.5퍼센트(6억 1,700만 명)가 65세 이상으로, 이 비율은 2050년까지 약 17퍼센트, 즉 두 배로 늘어날 것으로 예상된다. 다음은 해당 보고서의 주요 내용이다.

- 미국의 65세 이상 인구는 앞으로 30년 동안 4,800만 명에서 거의 두 배 증가해 2050년에는 8,800만 명이 될 것으로 예상된다.
- 전 세계적으로 출생 시 기대 수명은 2015년의 68.6세에서 2050년까지 약 8년 증가해 76.2세가 될 것으로 예상된다.
- 전 세계 80세 이상 초고령 노인 인구는 2015년에서 2050년 사이에 1억 2,650만 명에서 4억 4,660만 명으로 세 배 이상 증가할 것으로 예상된다. 일부 아시아 및 라틴 아메리카 국가의 초고령 노인 인구

는 2050년까지 네 배로 증가할 것으로 예상된다.

- 전 세계 고령 인구의 건강 문제 중 가장 심각한 것은 비전염성 질환이다. 저소득 국가, 특히 많은 아프리카 국가에서 고령 인구는 비전염성 질환과 전염성 질환으로 상당한 부담에 직면한 상태다.
- 흡연과 음주, 채소와 과일의 부족한 섭취, 낮은 수준의 신체 활동 등의 위험 요인은 전 세계 질병 부담에 직간접적 원인이다. 일부 고소득 국가에서는 흡연율 감소와 같은 위험 요인의 변화가 관찰된다. 현재 전 세계 흡연자의 대다수는 저소득 국가와 중간 소득 국가에 살고 있다.

기대 수명이 늘어남에 따라 건강하게 나이 들기의 중요성은 더 커질 것이다. 장수는 분명 감탄할 일이지만 장수의 목표는 단순히 기간이 아닌 삶의 질 측면에도 초점을 맞추어야 한다.

장수에 관한 놀라운 사실들

현재까지 인류 최장수 기록은 프랑스의 잔 루이즈 칼망Jeanne Louise Calment이 세운 122세 164일이다. 그는 1875년 2월 21일에 태어났는데 에펠탑이 세워지기 약 14년 전이자 영화가 발명되기 15년

전 세계 최고령자 순위 및 정보

순위	국가	나이	이름	출생일	사망일
1	프랑스	122세	잔 루이즈 칼망	1875년 2월 21일	1997년 8월 4일
2	일본	120세	시게치요 이즈미	1865년 6월 29일	1986년 2월 21일
3	미국	119세	사라 크나우스	1880년 9월 24일	1999년 12월 30일
4	일본	119세	카네 다나카	1903년 1월 2일	2022년 4월 19일
5	프랑스	118세	루실 랜던	1904년 2월 11일	2023년 1월 27일
6	일본	117세	나비 타지마	1900년 8월 4일	2018년 4월 21일
7	캐나다	117세	마리 루이스 메이에르	1800년 8월 29일	1998년 4월 16일
8	자메이카	117세	바이올렛 브라운	1900년 3월 10일	2017년 9월 15일
9	일본	117세	치요 미야코	1901년 5월 21일	2018년 7월 22일
10	일본	117세	미사오 오카와	1898년 3월 5일	2015년 4월 1일

전이다. 이듬해에 톨스토이의 《안나 카레니나》가 출간되었고, 알 렉산더 그레이엄 벨은 전화기 특허를 받았다. 심지어 칼망은 아버 지의 가게에서 반 고흐(1890년 7월 29일에 사망했다)를 만난 적이 있었다. 그의 직계 가족 중에도 장수한 사람들이 있다. 아버지는 93세, 어머니는 86세, 오빠는 97세까지 살았다.

인간만 놀라운 장수 기록을 가진 것은 아니다. 세계에서 가장 오래 산 생명체는 식물이다. 유타주 소재 피시레이크 국유림에 있는 사시나무 군락인 판도Pando 는 8만 년 이상 된 것으로 추정된다. 또 세계에서 가장 나이가 많은 나무는 '므두셀라'라는 이름의 캘리포니아산 브리슬콘 소나무로, 4,800살이 넘었지만 여전히 튼튼하다. 이 나무는 호머가 《일리아드》를 쓸 때, 붓다가 열반을 설교할 때, 그리스도가 산상수훈을 전할 때에도 살아 있었다.

화석이 된 벌 안에서 휴면기를 보낸 박테리아 포자는 4,000만 년 만에 갑자기 살아나 가장 나이가 많은 생명체가 되었다. 이런 부활의 위업은 캘리포니아폴리테크닉주립대학 미생물학자 라울 카노Raúl Cano 와 모니카 보루키Monica Borucki 가 이루었다. 이들의 연구는 1995년 초에 진행되었으며 화석화된 나무 수액, 즉 호박에서 침이 없는 작은 벌들을 빼내는 작업이 포함되었다.

하지만 이 모두를 능가하는 것이 '불멸의' 해파리다. 해파리는 결코 죽지 않는다. 그들은 해저로 가라앉아 생애 주기를 다시 시작한다.

나의 기대 수명은 얼마일까?

다이애나 우드러프박Diana Woodruff-Pak은 인간이 100세까지 살 수 있는 능력을 가졌다고 믿는 심리학자다. 실제로 생물학자들은 인간 수명의 상한선을 그보다 더 높은 125세로 설정한다. 이와 같은 관점을 보여주는 좋은 사례가 있다. '우리의 연수가 칠십이요'(시편 90편 10절)라는 구절에서 알 수 있듯, 성경에서 인정하는 수명은 70세이지만 창세기는 인간의 수명을 '120년'이라고 말한다.

장수에 대한 수년간의 연구 끝에 우리 두 저자는 기대 수명 측정법을 직접 만들었다. 이 방법을 통해 자신이 얼마나 오래 살지 예측해볼 수 있다. 기본적으로 지적 활동과 육체적 활동 모두 적극적으로 하고, 즐거움을 찾고, 만족감을 느끼면서 사는 사람이 100세 이상 살 확률이 가장 높다고 예상한다. 우선 '기대 수명 기본 표'(56쪽 참고)에서 자신의 현재 나이를 찾는다. 이를 바탕으로 보험 계리사(사고·화재·사망 등의 통계 기록을 연구해 보험료율·보험 위험률 등을 산출하는 일을 하는 사람—옮긴이)가 산출한 수치에서 얻은 기대 수명 추정치를 확인한다.

이후 다음 24가지 항목에 답하면서 각 생활방식과 성격이 수명에 미치는 영향을 나타낸 수치를 기대 수명 추정치에서 더하거나 뺀다.

1. 조부모 중 80세 이상 살았거나 현재 살아 있는 경우 각각 1년을 더한다. 70세 이상인 경우에는 각각 반년을 더한다.

기대 수명 기본 표

현재 나이	기대 수명 추정치	현재 나이	기대 수명 추정치	현재 나이	기대 수명 추정치
15	70.7	39	72.4	63	77.3
16	70.8	40	72.5	64	77.7
17	70.8	41	72.6	65	78.1
18	70.8	42	72.7	66	78.4
19	70.9	43	72.8	67	78.9
20	71.1	44	72.9	68	79.3
21	71.1	45	73.0	69	79.7
22	71.2	46	73.2	70	80.2
23	71.3	47	73.3	71	80.7
24	71.3	48	73.5	72	81.2
25	71.4	49	73.6	73	81.7
26	71.5	50	73.8	74	82.2
27	71.6	51	74.0	75	82.8
28	71.6	52	74.2	76	83.3
29	71.7	53	74.4	77	83.9
30	71.8	54	74.7	78	84.5
31	71.8	55	74.9	79	85.1
32	71.9	56	75.1	80	85.7
33	72.0	57	75.4	81	86.3
34	72.0	58	75.5	82	87.0
35	72.1	59	76.0	83	87.6
36	72.2	60	76.3	84	88.2
37	72.2	61	76.6		
38	72.3	62	77.0		

2. 80세 이상 살았거나 현재 살아 있는 어머니가 있다면 4년을 더하고, 아버지가 있다면 2년을 더한다.

3. 50세 이전에 심장마비, 뇌졸중, 동맥경화증으로 조부모나 부모, 형제가 사망한 경우 각각 4년을 뺀다. 50~60세 사이에 사망한 경우 각각 2년을 뺀다.

4. 60세 이전에 당뇨병, 소화성 궤양으로 조부모나 부모, 형제가 사망한 경우 각각 3년을 뺀다. 위암으로 사망한 경우 각각 2년을 뺀다. 기타 질병(사고로 발생한 질병 제외)으로 사망한 경우 각각 1년을 뺀다.

5. 아이를 가질 수 없거나 아이를 가질 계획이 없는 여성은 반년을 뺀다. 자녀가 일곱 명 이상인 여성은 1년을 뺀다.

6. 형제 중 첫째인 경우 1년을 더한다.

7. 지능이 평균 이상(즉 IQ가 100 이상)인 경우 2년을 더한다.

8. 하루 흡연량이 20개비 미만인 경우 2년을 뺀다. 20개비 이상 40개비 미만인 경우 7년을 뺀다. 40개비 이상인 경우 12년을 뺀다.

9. 성관계를 일주일에 1~2회씩 정기적으로 하는 경우 2년을 더한다.

10. 건강검진을 1년에 한 번씩 철저히 하는 경우 2년을 더한다.

11. 과체중이거나 과체중이었던 경우 2년을 뺀다.

12. 매일 수면 시간이 열 시간 이상이거나 다섯 시간 미만인 경우 2년을 뺀다.

13. 하루 최대 위스키 한두 잔이나 와인 0.5리터, 맥주 네 잔을 적당한

음주량으로 간주한다. 이 한도를 넘지 않는 경우 3년을 더한다. 매일 술을 마시지 않는 경우 1.5년을 더한다. 술을 전혀 마시지 않는 경우 더하거나 빼지 않는다. 술을 많이 마시거나 알코올 중독인 경우 8년을 뺀다.

14. 운동(달리기, 자전거 타기, 수영, 경보, 춤, 스케이트 타기 등)을 일주일에 세 번 하는 경우 3년을 더한다. 단 주말 산책은 포함하지 않는다.

15. 간이 세거나 기름지거나 육식 위주의 음식보다 싱겁고 소박한 음식이나 채소, 과일을 더 좋아하는 경우, 또 배가 부르기 전에 식사를 중단하는 경우 1년을 더한다.

16. 평소 자주 아픈 경우 5년을 뺀다.

17. 대학원 과정을 이수한 경우 3년을 더한다. 일반 학사 과정을 마친 경우 2년을 더한다. 고등학교를 졸업한 경우 1년을 더하고, 졸업하지 않은 경우 더하거나 빼지 않는다.

18. 전문직 종사자인 경우 1.5년을 더한다. 기술직, 관리직, 행정직, 농업 종사자인 경우 1년을 더한다. 자영업자, 사무원, 판매원인 경우 더하거나 빼지 않는다. 반숙련 노동자는 0.5년을 뺀다. 육체 노동자는 4년을 뺀다.

19. 육체 노동자는 아니지만 몸을 많이 쓰는 일을 하는 경우 2년을 더한다. 사무직인 경우 2년을 뺀다.

20. 대도시에 거주 중이거나 평생 대도시에서 산 경우 1년을 뺀다. 대

부분 시골에서 산 경우 1년을 더한다.

21. 결혼하여 배우자와 함께 사는 경우 1년을 더한다. 배우자와 헤어진 후 혼자 사는 남성인 경우 9년을 빼고, 사별 후 혼자 사는 남성인 경우 7년을 뺀다. 이중 만약 다른 사람과 함께 사는 경우 각 수치의 절반값만 뺀다. 별거 또는 이혼한 여성인 경우 4년을 뺀다. 배우자와 사별한 여성인 경우 3.5년을 뺀다. 마찬가지로 동거인이 있는 경우 2년만 뺀다.

22. 비밀을 털어놓는 친한 친구가 한두 명 있는 경우 1년을 더한다.

23. 마인드 스포츠를 정기적으로 하는 경우 2년을 더한다.

24. 삶의 태도가 긍정적이고 현실적인 경우 4년을 더한다.

이 측정법을 이용하면 자신의 기대 수명을 계산할 수 있다. 참고로 기대 수명 기본 표는 남성의 수치를 기준으로 표기한 것이다. 여성은 남성보다 약 3년 더 오래 살 것으로 예측되므로 여성의 경우 표에 기재된 기대 수명 추정치에 3년을 더해야 한다.

이 측정법의 결과는 당신이 현재와 같은 생활 패턴을 지속할 경우 예상 수명을 알려주는 지침이다. 이 책의 남은 이야기는 지금 당신의 기대 수명이 얼마든 그 수치를 극적으로 높일 수 있는 다양한 방식으로 당신을 격려하고 안내할 것이다.

지금 실천해야 할 것들

- 담배를 피운다면 점차 흡연량을 줄이다가 완전히 끊는다(제4장 참조).
- 매년 철저한 건강검진을 받는다.
- 과체중이거나 저체중인 경우 의사나 전문가에게 이상적인 체중을 확인하고 해당 수치에 이르도록 노력한다.
- 술을 많이 마신다면 줄인다.
- 규칙적인 운동, 특히 유산소 운동을 한다. 일주일에 세 번씩 20분 이상 하는 것을 목표로 한다.
- 체스, 바둑, 브리지와 같은 마인드 스포츠를 즐긴다.

위의 조언을 다 실천하기는 어렵다고 혹은 하나라도 해내기 힘들다고 생각하는가? 제4장에서 실천 방법을 알려주도록 하겠다.

브레인 플래시 **술이 꼭 나쁜 것은 아니다**

와인은 가장 건강하고 위생적인 음료다. (루이 파스퇴르)

이제부터 물만 마시지 말고, 네 위장과 자주 나는 병을 위하여 포도주를 조금씩 쓰라. (디모데전서 5장 23절)

늙은 의사보다 늙은 술꾼이 많다. (벤자민 프랭클린)

레드 와인은 과도하지 않게 하루 0.5리터 이하로만 마신다면 규칙적인 식단의 일부로 삼을 수 있다. (미셸 몽티냑Michel Montignac)

우리에게 영원한 세상과 충분한 시간이 있었다면!

— 앤드루 마벌 Andrew Marvell, 〈수줍은 여인에게〉 To His Coy Mistress 중에서

제3장

지금 당장
기대 수명을 늘려라

지금부터 활기차고 건강한 상태를 유지하고 수명을 연장하는 방법, 즉 스스로 나의 시간을 늘리는 법을 알아볼 것이다. 첫 번째는 호르몬 대체 요법Hormone Replacement Therapy, HRT 이다. 이것은 유효한 방법일까? 우리 두 저자는 회의적인 입장이지만 개인이 스스로 조사해보고 전문 의료인과 자세한 논의를 거쳐 자신에게 도움이 될지 여부를 결정하는 것도 무의미한 일은 아닐 것이다. 이 책에서 말하려는 두 번째 방법은 자신의 신체적·정신적 자원에 의지해 젊음과 건강을 유지하는 것이다.

이 장에서는 40~50대를 대상으로 개선이 필요한 정신 능력의 상위 20개 영역을 제시하고, 각 영역의 개선 방법을 보여줄 것이다. 본격적으로 설명하기에 앞서 우선 배경이 되는 지식으로 우리의 인체 시계를 멈추거나 되돌리기 위한 다양한 접근 방식을 살펴보자.

45세의 두뇌를 100세까지!

1919년 홍보public relation, PR라는 용어를 창안한 에드워드 버네이스 Edward Bernays는 '홍보의 아버지'로 불린다. 그는 100세가 되었을 때 자신의 정신 연령이 "45세 때와 다르지 않다."라고 말한 바 있다. 덧붙여 "100세라는 이정표에 당황할 필요 없다. 사람에게는 생물학적 연령만 있는 것이 아니며 생물학적 연령은 우리에게 허락된 여러 가지 연령 중에서 가장 의미가 없는 것이기 때문이다."라고 말했다.

인체 시계를 되돌리는 방법

"예순도 서른처럼 활기차게 살 수 있다!" 영원한 젊음의 영약을 제시하는 주장들이 심심치 않게 들려온다. 다양한 호르몬 요법(호르몬 대체 요법과 인간성장호르몬human growth hormones)을 공급하는 업체들의 이런 주장은 계속 늘고 있다. 이들은 관련 물질을 복용하면 남성과 여성 구분 없이 활력 증가와 체력 향상, 성욕 증진, 피부 탄력 회복(보통 젊은 사람들의 수준), 뼈 강화, 심장 기능 향상 등의 혜택을 얻을 수 있다고 주장한다. 가장 선호하는 방법은 남성 갱년기에 대처하는 테스토스테론 치료와 여성 갱년기에 맞서는 에스트로겐 치료로, 일부에서는 그 효과가 기적과 같다고 이야기한다.

반면 이런 제품을 취급하는 업체들이 정상적인 노화 과정을 병으로 취급하는 사기꾼에 지나지 않는다고 비난하는 사람들도 있다. 예를 들어《타임》에 실린 한 기사는 여성을 위한 호르몬 대체 요법의 장단점을 상세히 지적한다.

현대의학에서 젊음의 묘약에 가장 가까운 약을 찾으라면 에스트로겐이 아닐까? 여성의 노화를 늦춘다는 에스트로겐은 이미 미국에서 처방되는 약 중에 1위를 점하고 있으며, 이제 막 갱년기 열감을 경험하기 시작한 수백만 베이비붐 세대라는 엄청난 고객 집단을 표적으로 삼는다. 하지만 오늘날의 여성들이 알아두어야 할 것이 있다. 다른 모든 묘약이 그렇듯 이 약에도 어두운 면이 있다.

에스트로겐으로 충분한 효과를 보려면 갱년기뿐 아니라 이후 수십 년간 계속 복용해야 한다. 이는 평생 동안 약을 먹어야 하고, 여러 형태의 암 발병률이 높아지는 위험을 비롯해 부작용을 떠안아야 할 수 있다는 의미다. 이런 위험과 정말 기적적인 에스트로겐의 혜택을 비교하는 일은 여성들에게 주어진 대단히 어려운 건강상의 결정일 것이다.

에스트로겐과 테스토스테론 중 어떤 형태의 호르몬 대체 요법을 택할 것인지 역시 명백히 개인적 선택의 문제다.

이 책이 제안하는 전략은 위에서 이야기한 호르몬 대체 요법과 완전히 다르다. 아직 개발되지 않은 내 안의 자원과 힘을 충분히 활용하는 방법이다. 약물이 아닌 건강한 식단과 비타민, 유산소 운동을 권장한다. 무엇보다 가장 중요한 핵심은 우리 몸이라는 바이오 컴퓨터가 가진 경이로운 힘을 활용하고, 나이가 들면서 실제로 뇌에 어떤 일이 일어나는지 그 진실을 학습해 나이를 먹어 가면서도 정신적 능력을 향상시키는 방법을 보여줄 것이다.

뇌라는 잠자는 거인을 깨워라

뇌는 잠자는 거인이다. 전문가들은 우리가 뇌의 잠재력을 1퍼센트밖에 사용하지 않는다는 데 의견을 함께한다. 당신이 역사, 언어, 문학, 수학, 지리학, 정치학을 정식으로 배우는 데 몇 천, 몇 만 시간을 투자했든, 나이를 얼마만큼 먹었든 다음의 특정 기술을 학습하는 데 들인 시간은 단 몇 시간에 불과할 것이다.

· 창의적 사고

- 집중력-기억력

- 뇌 기능과 노화의 관계

- 의사소통 기술

- 학습과 기술적 독서에 대한 범용적 접근법

- 사고방식이 습관과 변화에 미치는 영향. 메타긍정사고metapositive thinking(나쁜 습관을 좋은 새로운 습관으로 재구성하는 목적의 사고이자 더 좋은 변화를 위한 사고. 이후 자세히 설명한다 — 옮긴이)가 중요하다.

여러 통계가 밝혀낸 경영진, 사업가, 학자를 비롯한 전문직 종사자가 평균적으로 시간을 사용하는 방식은 다음과 같다.

- 업무 시간의 30퍼센트를 정보를 읽고 자세히 살피는 데 사용한다.

- 개인 시간의 20퍼센트를 문제를 해결하고 창의적으로 사고하는 데 사용한다.

- 개인 시간의 20퍼센트를 커뮤니케이션에 사용한다.

모든 사람이 이런 기술들을 배우고 그에 따라 두뇌를 깨우는 훈련을 하는 일이 매우 중요하다.

나이를 뛰어넘는 학습이 중요하다

이 책에 담긴 전략은 인생을 살아가면서 더 효과적이고 훨씬 더 나은 사고와 의사소통을 하게 하는 기술과 지식을 선사한다. 쉽게 말해 다음과 같은 일이 가능해진다.

- 배우고 익히기 쉬운 기억법으로 이름, 사실, 수치를 기억한다.
- 마인드매핑 Mind Mapping (제9장에서 자세히 설명한다) 도입과 활용으로 더 높은 수준의 창의력을 달성하고, 생각을 명확하게 체계화하고, 집중력을 높이고, 더 간결한 의사소통을 한다. 마인드매핑은 개인의 다양한 인지 능력을 활용하고 모든 사고 기술을 향상시키며 기억력과 창의력을 극적으로 향상시키는 기법이다.
- 더 빠르게 읽고, 필요한 모든 자료를 완전히 이해한다.
- 비즈니스, 스포츠, 창작 분야의 인재들이 사용하는 원리와 기술을 배워 자신의 잠재력을 보다 잘 이해한다. 이런 원칙을 적용해 잠재력을 향상시킴으로써 더 큰 성공으로 나아가는 방법을 알게 된다.

이런 지식을 갖춘다면 당신이 원하는 거의 모든 목표를 달성할 수 있고, 나이를 먹으면서 어떤 일이든 점점 더 잘하게 될 것이다! 이 책은 다음 단계의 도약, 즉 당신이 자신의 지능을 인식하고 어떤 나이든 가진 지능을 놀라운 이점으로 키울 수 있다는 사실을 이해하는 데 도움을 줄 것이다. 다음 상황을 고려해보자.

- 주식 애널리스트들은 마치 매처럼 캘리포니아 실리콘밸리에 있는 열 명의 사람을 지켜본다. 이들 중 한 명이 A 회사에서 B 회사로 옮긴다는 작은 징후 하나만 있어도 세계의 주식시장이 요동친다.
- 인재개발협회Association for Talent Development에 따르면 포괄적인 교육 프로그램을 제공하는 기업은 공식적인 교육이 없는 기업보다 직원 1인당 소득이 218퍼센트 더 높다. 수익률도 24퍼센트 더 높다.
- 전미경제연구소National Bureau of Economic Research, NBER가 발표한 보고서에 따르면 수학적 능력이 향상되면 임금이 28퍼센트 상승하고, 교육적 개입으로 읽기 능력이 향상되면 임금이 27퍼센트 상승한다.
- 선진국들의 주요 경제는 제조업보다 지식산업, 즉 인적 자본과 독점 기술 같은 무형 자산에 기반을 둔다. 지식산업에서 가장 가치 있는 기술은 알고리즘, 데이터 분석, 데이터 기반 의사결정 그리고 혁신을 창출하고 다루는 지적 능력이 주도한다.
- 점점 더 많은 국가의 군대에서 정신 무술의 중요성이 육체적 전투 기술만큼 커지고 있다.
- 올림픽 국가대표들은 훈련 시간의 30퍼센트나 되는 시간을 사고방식, 지구력과 회복 탄력성, 시각화 기술 개발에 할애한다.

- 《트레이닝》Training 에 실린 '2021 교육 산업 보고서'에 따르면 2020~2021년 미국의 교육 지출은 약 12퍼센트 증가한 923억 달러였다.

성장시켜야 할 20가지 정신 능력

이 고무적인 전략을 다른 맥락에서 생각해보자. 40~50대의 많은 사람이 정신적 성과와 능력을 향상시키기를 원하지만 목표를 달성하는 데 어려움에 직면하고 있다. 지금부터 나이 들수록 더 많이 직면하게 되는 문제들을 간략히 살펴볼 것이다. 이는 나이를 먹으면서 지적 자본 개발을 위해 초점을 맞춰야 할 주된 영역이기도 하다. 여기서 언급하는 주요 요소들은 남은 장에서 더욱 발전시키고 확장해 이야기할 것이다.

우리 두 저자는 지난 20년간 다섯 개 대륙에 10만 명 이상의 사람들을 대상으로 설문조사를 실시했다. 그 결과, 사람들이 개선이 필요하다고 응답한 100개 이상의 정신 능력 영역 중 상위 20개는 다음과 같다.

1. 기억력

2. 집중력

3. 프레젠테이션 기술, 대중 연설

4. 서면 프레젠테이션 기술

5. 창의적 사고력

6. 계획 세우기

7. 생각 정리

8. 문제 분석

9. 문제 해결력

10. 동기 부여

11. 분석적 사고

12. 우선순위 세우기

13. 읽기 속도(자료의 양)

14. 독해력

15. 시간 관리

16. 스트레스 대처법

17. 피로 대처법

18. 정보 흡수

19. 미루거나 시간 낭비하지 않기

20. 나이에 따른 정신 능력 저하

위의 각 영역은 뇌 기능에 대한 최신 연구의 도움으로 비교적 쉽게 다룰 수 있다. 20개 영역의 모든 문제에 영향을 미치는 일곱 가지 주요 주제는 이렇다.

1. 좌뇌와 우뇌 연구
2. 마인드매핑
3. 속독
4. 니모닉 기억술Mnemonic techniques
5. 학습 후 기억 소실
6. 뇌세포
7. 나이에 따른 정신 능력 저하

지금부터 각 주제를 주요 영역 문제와 연관시키고, 어떻게 하면 새로운 지식을 적용해 정신 능력을 향상할 수 있는지 보여줄 것이다.

1. 좌뇌와 우뇌 연구

좌뇌와 우뇌가 서로 다른 지적 기능을 맡는다는 것은 이제 상식이 되었다. 좌측 피질은 주로 논리, 언어, 수, 순서, 분석, 나열을 처리하고, 우측 피질은 리듬, 차원dimension(3차원 공간과 깊이에 대한 인식. 물체의 크기, 모양, 위치를 서로 및 자신과 관련하여 이해하는 것이 포함된다—옮긴이), 색, 상상력, 공상, 공간 관계를 처리한다. 좌측 피질은 소위 학구적인 영역이 아니고, 우측 피질은 소위 창의적이고 직관적이며 감정적인 영역이 아니라는 사실이 최근에야 밝혀졌다. 이제 우리는 광범위한 연구를 통해 학문적 성공과 창의적 성공을 위해 양 뇌를 모두 써야 한다는 것을 안다.

아인슈타인이나 뉴턴, 괴테, 셰익스피어는 언어, 수리, 분석 능력과 상상력을 결합해 창의적인 걸작을 만들어냈다. 비즈니스 영역의 위대한 천재들도 마찬가지다. 뇌 기능에 대한 이런 기본 지식을 활용하면 각 영역 문제와 관련된 기술을 훈련하여 500퍼센트에 달하는 향상을 이룰 수 있다. 이런 개선에 핵심적인 기여를 한 것이 토니 부잔의 마인드맵이다.

2. 마인드매핑

흔히 노트 필기는 기억하기 위한 것이든, 커뮤니케이션 준비나 생각 정리, 문제 분석, 기획, 창의적 사고를 위한 것이든 문장이나 짧은 구절의 목록, 숫자 및 알파벳순의 목록 등 흑백의 선형적 묘사 방식을 취한다. 이런 방식에는 색, 시각적 리듬, 차원(여기에서의 차원이란 선형적인 텍스트 기반 형식과 달리 깊이감을 주기 위해 음영 처리, 강조 표시 또는 투시선 추가 등 평면이 아닌 3차원으로 보이게 만드는 것을 뜻한다—옮긴이), 공상, 공간적 관계가 부족하다. 결과적으로 뇌의 사고 능력을 마비시키며 앞서 언급한 프로세스와 반대되는 효과를 초래한다.

반면 마인드매핑(더 자세한 내용은 제9장에서 다룬다)은 뇌의 능력을 전 방위로 사용한다. 종이 한 가운데에 다채로운 이미지를 배치해 기억하기 쉽고 창의적인 아이디어 창출을 촉진하며, 그 주변은 뇌의 내부 구조를 외부로 반영하는 연상 네트워크로 가지를 틔워나가는 방식이다. 마인드맵은 아주 작은 공간 안에 많은 양의 정보를 담을 수 있다. 미리보기의 목적으로도, 복습 목적으로도 사용할 수 있다.

또 마인드맵을 사용하면 연설 준비 시간을 며칠에서 몇 분으로 단축할 수 있다. 문제도 더 빠르게 풀 수 있다. 기억력을 완벽한 정도로 향상시킬 수 있고, 창의적 사고를 하게 해 무한한 아이디어를 내놓을 수 있다. 나이가 들면서 기억력과 지능이 쇠퇴한다고 느껴질 때 특히 가치가 크다. 마인드맵은 기억력과 지능 쇠퇴의 문제에 대한 완벽한 해독제다.

3. 속독

마인드매핑과 속독 기술을 결합하면 분당 1,000단어 이상의 속도로 책을 읽으면서도 뛰어난 이해력을 발휘할 수 있다. 정보를 더 빨리 흡수할수록 두뇌는 더 많은 자극을 받고 시야는 넓어진다. 속독을 훈련할 수 있는 개인, 특히 회사 단위의 구성원이 모이면 '지적 특공대'를 만들 수 있다. 속독은 소수만이 익힐 수 있는 어려운 기술로 보이지만 시작하기에 매우 쉽다.

간단한 테스트를 직접 해보자. 이 책의 한 페이지를 읽는 시간을 측정하는 것이다. 이제 다른 페이지를 읽고 다시 시간을 재면서 다음과 같이 해본다.

- 포인터를 사용해 집중하는 데 도움을 얻을 수도 있다. 학교에서 속독을 하지 말라는 이야기를 들었을 수도 있다. 그렇다면 잘못된 가르침을 받은 것이다!
- 포인터를 따라 앞으로만 나아간다. 되돌아가서 읽은 구간을 다시 읽지 말라.
- 한 번에 한 단어씩 읽었다면 이번에는 한 번에 두 단어씩 읽는다. 이 전략만으로도 읽는 속도가 두 배 더 빨라질 것이다.

더 빠른 속도로 책을 읽고, 책의 개요와 장들을 상세히 마인드매핑하고, 고급 마인드매핑과 프레젠테이션 기술을 사용해 수집한 정보를 교환한다면 우리는 단 하루 만에 책 한 권 분량의 새로운 정보를 습득하고, 통합하고, 암기하고, 실제 적용해볼 수 있다. 회사 또는 여러 사람이 동시에 이런 식으로 정보를 수집하고 교환한다면 틀림없이 큰 혜택을 얻을 것이다.

4. 니모닉 기억술

니모닉은 운韻과 같은 장치를 사용해 기억을 보조하는 기술이다. 예를 들어 '굴 먹으러 굴(:)에 들어갔다'라는 식으로 음운 체계를 활용해 쉽게 기억할 수 있다. 니모닉은 그리스인들이 발명한 기억술로, 최근까지도 장난이나 속임수 정도로 취급되었다. 그러나 이제는 이 기술이 뇌의 기능에 기반을 둔 것으로 인정받고 있다. 우리가 적절하게 적용한다면 이 기억법은 기억력과 회상력을 극적으로 향상시킬 수 있다.

니모닉은 연상과 상상력의 원리를 이용해 극적이고 다채로우며 감각적인 이미지, 그래서 절대 잊을 수 없는 이미지를 머릿속에 만든다. 마인드맵의 경우 뇌의 타고난 기능 영역을 효과적으로 사용해 필요한 정보를 각인시키는 탁월한 다차원 니모닉이다. 일상 속에서 쉽게는 파티 참석자들의 이름을 외모의 특징과 연관시켜 기억하는 일부터 시작해볼 수 있다. 실제로 많은 사업가가 니모닉을 사용해 새로 소개받은 40명의 사람을 완벽히 기억하거나 100개가 넘는 제품, 정보, 데이터 목록을 암기하는 훈련을 받는다. 이 기억술은 현재 스톡홀름의 IBM 교육센터에 활용되고 있으며 입문 교육 프로그램의 성공에 크게 기여했다.

5. 학습 후 기억 손실

기억 손실은 극적인 모습을 보인다. 한 시간의 학습 후 뇌는 새로운 데이터를 통합하고 정보를 회상하는 능력이 잠깐 동안 상승한다. 이후 급격한 감소가 뒤따른다. 24시간이 지나면 세부 정보의 80퍼센트가 사라진다. 사람들은 이런 현상을 나이에 따른 정신 능력 쇠퇴와 혼동하곤 한다. 사실 회상 능력의 상실은 전적으로 표준 회상 곡선 탓이다. 절대 원인을 나이와 혼동해서는 안 된다. 앞으로 설명할 적절한 훈련을 받으면 나이가 들어도 기억력은 향상될 수 있다.

이런 사실을 이해하는 것과 오해하는 것은 특히 비즈니스 영역에서 큰 영향을 미친다. 한 다국적 기업이 교육에 연간 5,000만 달러를 지출한다고 가정해보자. 단 며칠 만에 4,000만 달러 가치의 교육 내용이 사라지는 것이다. 하지만 기억의 리듬을 이해하면 이런 손실을 막을 수 있다.

6. 뇌세포

지난 5년간 뇌세포는 지식 탐구의 새로운 개척지가 되었다. 우리 뇌는 약 860억 개의 뉴런을 가지고 있을 뿐 아니라 그들 사이의 상호 연결이 패턴과 기억흔적memory trace 을 형성하고 이를 합치면 기능적으로는 무한에 해당하는 수치가 된다는 사실을 발견했다.

초당 4억 개의 연산을 하는 메인프레임 슈퍼컴퓨터가 100년을 소요할 개념의 파악을 뇌는 단 1초 만에 해낸다. 우리에게는 수십억 비트의 데이터를 통합하고 처리할 수 있는 타고난 능력이 있는 것이 분명하다. 따라서 뇌 연구 전문가들은 우리 각자가 가진 이 경이로운 생체 컴퓨터를 적절히 훈련하면 문제 해결력이나 우선순위 세우기, 창의적 사고력, 의사소통 능력을 엄청나게 가속하고 향상시킬 수 있다는 것을 점점 더 분명히 느끼고 있다.

뇌를 훈련하는 것, 즉 뇌의 능력에 도전하고 자극하는 일은 젊은 사람만의 특권이 아니다. 어떤 나이에서든 시작할 수 있다. 더 많이 배울수록 더 많은 것을 쉽게 배울 수 있고, 뇌는 정신적·신체적 연상 네트워크를 더 많이 구축하여 데이터에 접근하고 조작하는 일이 점점 더 쉬워진다.

7. 나이에 따른 정신 능력 저하

"나이가 들면 뇌세포는 어떻게 됩니까?" 이 질문에 일반적인 대답은 "죽는다."이다. 하지만 뇌 연구 분야에서 가장 반가운 소식 중 하나는 미국 신경과학자 매리언 다이아몬드가 정상적이고 활동적이며 건강한 뇌에서는 나이가 들어도 뇌세포 손실이 일어나지 않는다는 점을 확인했다는 것이다. 반대로 최근의 연구는 뇌를 사용하고 훈련하면 뇌 내 상호 연결의 복잡성이 증가한다는 것을 보여준다. 오히려 지능이 높아지는 것이다!

지능 혁명이 일어나고 있다

세상이 한 번도 경험해보지 못한, 인간 지능의 비약적 발전이라는 혁명이 시작되고 있다. 교육, 비즈니스, 개인적 측면에서 지금까지 인간의 노화 과정의 일부로 여겨졌던 문제들을 해결하기 위해 심리학, 신경생리학, 교육 실험실에서 나오는 모든 정보가 동원되고 있다.

뇌의 개별 기능에 대한 지식을 적용하고, 내적 정신 과정을 마인드맵 형식을 통해 외부로 표현하고, 기억의 선천적 요소와 리듬을 활용하고, 뇌세포에 대해 새롭게 발견한 지식과 평생 지속적으로 개선하는 가능성을 이용한다면 진화의 거대한 도약이 가능하다. 가능하다는 전망에 그치는 것이 아니라 지금 실제로 일어나고 있다! 이 책도 그 선두에 있다.

인류의 위대한 모험에 합류한 것을 환영한다. 이것은 평생 확장되어야 할 당신의 광대한 지능을 탐험하는 모험이다. 자극적이고 도전적이며 심오한 모험이 될 것이다. 이 모험은 당신의 본질과 연결된 필수적인 부분이다. 모험은 바로 당신 자신이다!

80대에 이뤄낸 최고의 걸작

오스만제국의 술탄 술레이만 대제 시대에 미마르 시난이 황실 건축가로 임명됐을 때 그의 나이 마흔일곱이었다. 이후 50년간 그는 궁전, 무덤, 병원, 학교, 공중목욕탕은 물론 오스만제국에서 최고로 꼽히는 모스크들을 비롯해 500개 이상의 건물을 설계하고 완공했다. 시난은 이스탄불 하기아소피아 대성당Hagia Sophia의 규모와 건축적 우수성('신성한 지성'의 기념비로 상징되는 아테네의 파르테논 신전과 같은)을 평생의 도전과제로 여겼다. 그가 그 규모와 아름다움을 능가하는 건축물을 짓겠다는 야망을 이룬 것은 80대에 셀리미예 모스크를 완공한 일이었다. 그는 회고록에 이렇게 자랑스럽게 적었다. "기독교인들은 이슬람 세계에서 하기아소피아 대성당의 돔에 필적할 만한 것이 없기 때문에 자신들이 이슬람교도를 패배시켰다고 말한다. 그래서 나는 그런 돔을 만들기로 결심했다."

지금 실천해야 할 것들

- 가장 중요한 사실을 기억하라. 더 많이 배울수록 더 많은 것을 쉽게 배울 수 있다!

- 이 장에서 제공한 조언을 사용해 속독법을 익힌다. 더 빠른 속도로 읽으면 정보를 더 쉽게 습득하고 시야를 넓힐 수 있다.

- 기억력을 향상시킨다. 파티에서 만나는 사람들의 이름을 외우는 것부터 시작해보라. 그들의 외모나 옷차림에서 눈에 띄는 점을 찾은 뒤 이름과 연결시킨다. 이름을 기억하는 데 도움이 되는 니모닉 기억술을 사용한다.

- 질문과 문제를 모든 측면에서 살핀다. 유연하게 생각한다. 새로운 해법과 경험을 시도하면 정신적 각성을 유지하는 데 도움이 된다.

- 사회에 참여한다. 적극적인 사회생활에서 물러난 고령자에게는 모든 영역에서 퇴행이 더 빨리 일어난다. 사람들을 만나라. 문제를 해결하려고 노력하라!

원로들의 담론을 놓치지 말라.

— **집회서 8장 9절**

제4장

뇌의 잠재력에
늦은 때란 없다

제3장은 다양한 지능을 향상하는 도구와 방법론이 무엇인지 소개했다. 이 장에서는 앞서 이야기한 주장의 핵심으로 당신을 이끈다. 매우 반가운 소식을 전하자면 당신의 뇌는 유연하고 유기적이며 끊임없이 변화하고 계속해서 성장하는 기관이라는 점이다. 인생을 살아가는 동안 뇌는 점점 더 복잡해지고, 정교해지고, 우아해지고, 유용해질 수 있다. 이 책이 제시하는 지침을 적용하면 반드시 그렇게 될 수 있다.

　해로운 습관과 태도를 변화시켜 새로운 행동 방식을 취하는 능력은 나이를 먹으면서도 성과를 향상해 나아가는 데 필수다. 시작하기에 너무 늦은 때란 없다. 바로 지금이 시작해야 할 때다.

나이 들수록 뇌세포도 늙을까?

이 장에서는 전 세계적으로 관심과 중요성이 높아지는 주제, 즉 수십 년간 존재하는 동안 인간의 뇌에서 무슨 일이 일어나는지 논의할 것이다. 또 적절한 훈련을 받으면 뇌에 대한 흔한 오해 대부분을 잠재우고, 실제로 그 속에서 일어나는 일에 대한 새로운 인식, 말하자면 '완전한 학습 혁명'을 시작할 수 있다는 주장의 증거를 제시할 것이다.

성경에서 므두셀라는 가장 오래 산 사람이라고 이야기한다(창세기에 그가 969세까지 살았다고 기록되어 있다). 므두셀라라는 존재는 평생 자신의 잠재력을 완전히 실현하라는 모든 인간에게 보내는 당부다. 기억력, 뇌세포, 창의성 등을 연구하는 것도 흥미롭지만 이 모두를 일생에 걸친 '진보'라는 맥락에서 연구하는 것은 더 흥미롭고 매력적이다.

우선 많은 사람이 나이가 들면서 뇌에서 일어나는 일로 오해하는 문제를 보여주는 다음의 표를 살펴보자. 세로축은 정신 능력(또는 기술)을 나타내고 가로축은 시간을 나타낸다. 한스 아이젠크Hans Eysenck와 같은 심리학자가 발표한 지능 표준 그래프(대부분의 심리학 입문서에서 찾을 수 있다)에서는 지적 능력이 생애 초기에 경이로운 성장세를 보이는데 10대 후반에서 20대 초반 사이에 정점에 이

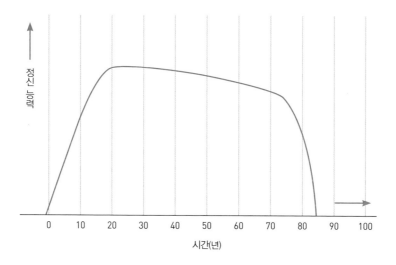

른다. 연구자들은 대개 위대한 수학자들의 일화나 역사적으로 예외 없이 26세 이후로는 독창적인 연구를 해내지 못했다는 점 등 이를 뒷받침하는 방대한 양의 증거를 인용하곤 한다.

IQ 테스트는 이런 주장이 사실임을 확인시켜 주는 것이 보통이며, 사람들이 자체 보고한 내용의 연구 결과 역시 나이가 들면서 기억력이 확실히 저하된다고 인식하는 것을 보여준다. 말하자면 나이를 먹으면서 자신의 정신적 작용이 저하되는 것을 경험하는 것이다.

신체적 상관관계도 있다. 26세 이후부터 인간의 신체 기능은 저하되는 경향이 있다. 뇌세포도 신체의 일부이므로 노화에 따라 기능도 저하될 수밖에 없다. 이후 꾸준한 퇴화 과정을 거치며 죽음에 가까워지면 급격한 감소가 나타난다. 장밋빛 그림이라고는 할 수 없다. 이런 상황을 이렇게 상상해볼 수 있다. 외계 생명체가 존재하는데 그들이 지구를 침공하기로 결정했다고 가정한다. 그들은 인간이 의욕이 강하고 지략이 풍부하다는 것을 알고 있어 의욕을 꺾을 효과적인 방법을 고안해내길 원한다. 그들이 고려할 만한 한 가지 방법은 지구상의 모든 사람에게 '26세가 넘으면 당신은 퇴화된다'라는 메시지를 보내는 것이다.

지난 20년 동안 우리 두 저자는 영국, 뉴멕시코, 대만, 아르헨티나 등 방문하는 나라마다 빠짐없이 이런 질문을 던졌다. "뇌세포에서는 매일 어떤 일이 일어날까요?" 전 세계 모든 대륙의 사람들의 답은 한결같았다. "죽습니다!" 어떤 집단의 사람이든 이렇게 '알고' 있다. 이어서 매일 얼마나 많은 뇌세포가 죽는지 물으면 또 마찬가지로 확신에 차서 신나게 "약 100만 개요!"라고 답한다. 이런 인식이 세상에 어떤 영향을 미친다고 생각하는가?

아침에 일어난 순간을 상상해보라. 해가 빛나고, 새들이 노래하고, 사랑하는 사람이 곁에 있다. 그리고 베개를 보면 죽은 뇌세포가 100만 개나 있다! 이 뇌세포는 당신 컴퓨터의 칩이다. 이것은 매일 100만 개씩 사라진다. 당신이 인식하든 아니든 피할 수 없는 일이다! 이렇게 운영 체제 전체가 계속 무너진다고 믿는다면 근본적으로 낙관적으로 사고할 수 없다. 그렇기 때문에 사람들은 나이가 들수록 '젊은 종마'의 공포를 느낀다. 왜일까? 젊은 사람들은 더 많은 뇌세포를 가지고 있기 때문이다. 그들은 더 강력한 생체 컴퓨터를 가지고 있다. 만일 그들과 경쟁한다면 버티고 버티다 결국 지고 말 것이다. 시간이 흐르면서 가진 뇌세포가 10개만 남게 되면 당신은 한계를 받아들일 수 밖에 없다.

이런 자기 패배적인 믿음을 통해 지구상 모든 사람에게 스며든 태도를 생각해보자. 이는 대단히 심각한 문제다. 이것은 머릿속으로 침입해 들어와 지능을 약화시키는 '지적 알츠하이머병'이다. 이 병은 우리 뇌를 지배하고 파괴한다. 〈제퍼디!〉Jeopardy!(미국의 장수 퀴즈쇼 TV 프로그램―옮긴이) 챔피언 브래드 루터Brad Rutter 나 세계 체스 챔피언 매그너스 칼슨Magnus Carlsen, 세계적인 지휘자 구스타보 두다멜Gustavo Dudamel 이 이런 생각을 갖고 산다고 상상해보자. 그들은 매일 100만 개의 뇌세포를 잃더라도 자신의 명성과 창의적 추진력을 유지하고자 노력할 것이다. 그런 생각이 사실이라고 가정하면 이들에게는 어떤 의미가 있을까?

이런 잘못된 믿음에 대한 또 다른 증거는 지금의 사회 구조에서 찾을 수 있다. 우리는 노인들을 어떻게 대하고 있는가? 그들을 은퇴시키고 있다! 토니 부잔의 어머니 장 부잔을 사례로 믿기 힘든 아이러니에 대해 살펴보자. 장은 57세의 나이에 노인학 학위를 취득하고 8년 동안 대학에서 강의를 했다. 그 뒤 65세가 넘었다는 이유로 이 주제에 대해 강의하기에는 너무 늙었다는 말을 들었다. 완전히 미친 짓이 아닌가! 우리는 '정신적으로 무능하다'는 이유로 65세에 은퇴를 강요하면서도 동시에 65세 이상의 정치인에 권력을 맡기는 일을 일반적으로 여긴다. 이런 결정을 뒷받침하는 논리가 무엇인지 생각해볼 필요가 있다.

또 우리 사회에는 양로원이 있고 거기서 치료와 간호를 제공하는 사람들에게 노인을 대하는 법을 가르친다. 노인들에게 더 이상 성욕이 없다고 말하고, 바구니 엮기 같은 무의미한 일을 시키고, 머리를 쓰다듬어 주며 그들을 관리한다. 너무 늙어서 스스로 할 수 없을지도 모른다며 직접 무언가 하는 것을 허용하지 않는다. "걱정마세요. 우리가 해드릴게요. 일어나지 마세요. 도와드릴게요." 우리는 이렇게 노인들을 죽이고 있다. 우울하고 끔찍한 그림이다.

이 가정을 해체해 증거를 살펴보자. 가장 먼저 살펴봐야 할 것은 '쇠퇴의 측정'이다.

다음 그래프에 A라고 표기된 선을 보면 실제로 정신적 쇠퇴 수치는 평생 동안 5~15퍼센트에 불과하다는 것을 알 수 있다. 꾸준히 일어나지만 가파르지는 않다. 노년에도 다르지 않다. 즐거운 파티를 즐긴 다음 날 아침에 일어나면 지적 능력이 약 2퍼센트 수준

┃ 생애에 걸쳐 일어나는 정신 능력 쇠퇴

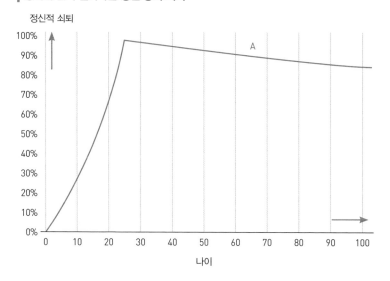

정신적 쇠퇴

나이

으로만 작동하는 것을 경험하게 된다. 누구든 나이와 상관없이 말이다. 따라서 이것은 새로운 경험이 아니다.

특히 흥미로운 점은 뇌가 보여주는 놀라운 회복력이다. 우리가 평생 뇌를 얼마나 남용하는가 생각해보자. 그럼에도 평균 약 80년 동안 쇠퇴하는 수준은 5~15퍼센트 정도에 불과하다. 정말 놀랍지 않은가?

뇌와 신체 능력 평균값에 속지 마라

다음으로 살펴볼 것은 뇌의 퇴화에 대한 연구다. 통계상의 평균값이 평균적인 사람을 대표한다는 인식은 통계에 대한 큰 오해에서 비롯된 것이다. 이는 사실이 아니다. 통계적 평균은 평균보다 높거나 낮은 사람의 수치로 이루어져 있다. 실제로 어떤 사람의 두뇌 능력은 놀라울 정도로 가파른 감소세를 보이는 반면 다른 사람의 두뇌 능력은 향상되며 그 사이에는 다양한 차이가 존재한다.

평균 이상의 사람들은 통계적 변칙 또는 이상치outliers로 묘사되는데 이들이 표를 '엉망'으로 만든다. 사실 이런 사람들은 '표준에서 벗어난 이탈자'로 부르는 것이 맞다. 이런 양성 이탈자들의 공통된 특징을 찾아보면 실제로 거의 동일한 성격 프로필personality profile(개인의 심리적 특성을 종합적으로 기술한 것. 성격, 기질, 성향 등 여러 요소를 포함한다─옮긴이)을 가진다는 것을 알 수 있다. 우선 배움에 관심이 있다. 생활에 있어서는 긍정적이고 낙관적이며 균형 잡힌 삶을 산다. 이들은 모두 육체적, 정신적, 정서적, 감각적, 성적인 면에서 활동적이다. 대부분 유머 감각이 고도로 발달되어 있으며 남을 가르치는 일을 좋아하고 스스로 부유하다고 생각한다. 그리고 이런 이탈자들의 수는 점점 늘고 있다.

신체적 쇠퇴를 보여주는 다음의 그래프는 정신적 쇠퇴를 나타낸

│ 생애에 걸쳐 일어나는 신체 능력 쇠퇴

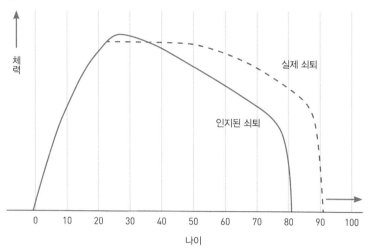

그래프와 비슷해 보이지만 더 뚜렷하다.

　여기서도 같은 오해가 드러난다. 근력에 대한 최신 연구 정보들은 근력 운동을 한 신체는 50세 전후에 정점에 도달한다는 견해를 뒷받침한다. 체력의 측면을 본다면 장거리 수영 선수들은 보통 30대임을 알 수 있다. 신체 그래프가 변화하고 있다. 체력이 언제부터 떨어지기 시작하는지는 아직 정확히 알 수 없지만 신체적 쇠퇴는 우리가 기존에 인식한 것보다 훨씬 완만하다. 현재 50대 이상의 선수들이 농구, 사이클, 축구, 수영, 육상, 철인 3종 경기 등 20개 종목에서 경쟁하는 시니어 올림픽Senior Olympics 대회가 열리고 있다. 이

곳에서는 경기에 출전해 좋은 성적을 거두는 80대를 만나는 것이
드문 일이 아니다.

신체의 한계에 도전한 여성 선수들

마라톤 풀코스를 완주한 최고령 여성 선수는 미국 출신의 글래디스
버릴Gladys Burrill이다. 그는 92세에서 19일이 넘은 나이에 하와이 호놀
룰루 마라톤을 완주했다. 2022년 1월 4일 기준, 101세가 된 아그네스
켈레티Ágnes Keleti는 현존하는 최고령 올림픽 챔피언이었다. 제2차 세
계대전 직전 체조에 관심을 갖게 된 켈레티는 곧 최고의 기량을 가진
체조 선수가 되었으나 전쟁 발발로 경력이 중단되었고 1940년과
1944년 올림픽은 취소되었다. 종전 후 체조를 다시 시작한 그는 1948년
런던올림픽에 출전할 예정이었지만 마지막 순간에 당한 발목 부상으
로 참가하지 못했다. 그리고 4년 후 1952년 31세에 헬싱키올림픽에
출전해 마루 종목에서 금메달을 따냈고 더불어 한 개의 은메달과 두
개의 동메달도 획득했다. 이후 켈레티는 부다페스트 체육학교 체조학
부에서 시범 조교로 일했으며 첼로를 전문적으로 연주하는 뛰어난 음
악가이기도 했다.

육체, 심혈관, 근육, 유연성의 측면에서 건강을 유지되는 한 나

이가 든다고 몸에 큰 변화가 생기지는 않는다는 증거들이 나타나고 있다. 우리 두 저자는 신체적 측면에서 편향된 사고가 잘못된 인상을 만들고 있다는 것을 인지하기 시작했다. 뇌의 경우 특히 더 그렇다. 그리고 '표준에서 벗어난 이탈자'들은 누구나 그런 사례를 따를 수 있다는 것을 보여준다. 어쩌면 쇠퇴라는 현상은 쇠퇴를 촉진하는 방식으로 뇌를 이끌 경우 나타나는 진화 단계의 이상 현상, 즉 일시적인 문제일 수도 있다. 실제 드러난 증거들은 뇌와 신체 능력 쇠퇴에 대한 지나치게 비관적인 인식들을 지지하지 않는다. 나이 듦에 따라 뇌가 나빠진다는 것을 보여주는 증거는 없다. 오히려 적절한 조건하에서 인간의 뇌가 지속적으로 발전한다는 것을 보여준다.

나이 듦에 대한 잘못된 편견

이번에는 기억력 쇠퇴에 대해 널리 퍼져 있는 말들을 진단해보자. 그런 소문들은 그릇된 조각 지식에 근거한 착각의 결과물로 드러났다. 전 세계 어디에서나 "나이 들면서 기억력이 점점 나빠지고 있다."라고 말하는 사람들이 존재한다. 이런 말로 서로 기억력이 얼마나 나쁜지 자랑하고 공감한다. 심지어 30대의 나이에 말이다!

자신의 기억 능력을 확인해보거나 기억력 천재들의 모습을 자세히 살펴보고 싶다면 수업이 끝나는 시각에 초등학교로 가서 학습과 기억의 거인들이 남긴 펜, 연필, 신발, 코트 등을 살펴보라. 6세와 60세의 차이를 말하자면 6세의 아이는 귀가 후 학교에 옷이나 숙제를 두고 왔다는 것을 깨달았을 때 "이런! 여섯 살이 되니 기억력이 예전 같지 않네!"라고 말하지 않는다는 것뿐이다. 어른들은 자신이 이전에 가졌던 완벽한 기억력에 대한 믿음을 구축하는 동시에 현재 기억력의 저하에 대한 믿음을 키운다. 이 두 믿음은 서로를 키우고 또 먹여 살린다. 그리고 결국 그 사람을 의기소침하게 만든다. 뿐만 아니라 종족이나 행성을 붕괴시킬 수 있으며 심지어 지능을 소멸시킬 수도 있다.

이런 인식들은 명백한 착각이기 때문에 증거를 통해 대부분 없앨 수 있다. 이런 부정적 이야기는 실험이나 경험으로 뒷받침되고, 실험이나 경험은 다시 이야기를 만들어내며, 이런 식으로 서로 맞물려 절망적 순환을 영속시킨다.

브레인 플래시 ▶ **당신의 두뇌는 강력한 컴퓨터다**

최근의 연구는 지적 훈련으로 정신을 자극하면 뉴런이라는 뇌세포가 가지를 넓게 펼친다고 말한다. 이런 분지로 뇌세포 사이에는 수백만 개의 연결, 즉 시냅스가 추가된다. UCLA 뇌 연구소UCLA's Brain Research

Institute 소장 아널드 샤이벨Arnold Scheibel은 이렇게 말한다. "뇌라는 컴퓨터에 더 큰 메모리보드를 장착한다고 생각하시면 됩니다. 당신은 더 많은 일을 더 빨리할 수 있습니다."

뇌가 가진 변화의 역량은 뇌 질환 예방과 치료에 새로운 희망을 제시한다. 이는 다음과 같은 일이 어떻게 가능한지 설명하는 데 도움이 된다.

- 알츠하이머병 증상의 발현을 수년간 늦출 수 있다. 현재의 연구들은 교육을 많이 받은 사람일수록 증상을 보일 가능성이 낮다는 것을 보여준다. 그 이유는 지적 활동이 질병으로 손상된 조직을 보완하는 뇌의 잉여 조직을 발달시키기 때문이다.
- 뇌졸중에서 잘 회복한다. 연구에 따르면 뇌졸중으로 뇌의 영역들이 영구적으로 손상된 경우조차 새로운 메시지 경로를 만들어 장애물을 우회하거나 해당 영역의 기능을 다시 시작하게 만들 수 있다고 한다.

켄터키대학 샌더스-브라운노화센터Sanders-Brown Center on Aging의 데이비드 스노든David Snowdon은 대학 학위를 취득한 사람, 가르치는 일을 하는 사람, 끊임없이 정신적 도전을 하는 사람들이 교육을 덜 받은 사람들보다 더 오래 산다는 사실을 발견했다. 뇌 과학 영역의 새로운 관점에 따르면 65세에 벽에 부딪히는지, 102세에 벽에 부딪히는지는 개인이 큰 몫을 한다고 한다. (UCLA 뇌 연구소)

사회적 증거도 없앨 수 있다. 65세 노인은 은퇴해야 한다고 말하는 사람은 누구인가? 인류의 역사가 300만 년이라고 가정했을 때 지금 우리가 장착한 현대의 뇌는 겨우 5만 년 정도밖에 되지 않았고, 이는 은퇴 가설을 입증하는 데 사용할 수 있는 실험이나 경험이 몇 세대 분밖에 없다는 것을 의미한다. 65세가 넘은 사람들을 비참한 삶에 놓이게 만들기에는 충분치 않다. 나이 먹는 것을 좋지 않게 보는 사회적 태도가 존재하고, 대부분의 사람이 나이와 연관 짓는 단어는 부정적이거나 폄하하는 듯하거나 구역질나게 완곡한 경향이 있다.

나이와 관련 있다고 생각하는 단어 10개를 적어보자. 다음은 가장 흔하게 떠올리는 단어들이다.

슬픈	무능력한	외로운	느린	아픈
약한	늙은	연금수급자	가난한	노령연금수급자
혼자	노인	더러운		

이런 단어들을 어린이가 어떻게 인식하고 반응할지 생각해보자. 어린이가 노년에 대해 이런 생각을 하며 자란다면 어떻게 될까? 그런 개념과 거리를 둘까? 외면할까? 그런 인식은 자라는 데 어떤 영향을 줄까? 어린이는 노년을 생각하거나 마주하는 것을 원하지 않

을 것이고, 따라서 노년의 삶을 준비하지 않을 것이다. 나이 들고 있기 때문에 그 자체로 일어나는 모든 종류의 부적절함만 떠올리기 시작할 것이다. 즉 노년에 대한 생각이 다가오는 공포를 상기시키므로 어린이는 나이 듦에 대해 준비를 강구하지 않을 것이다. 이제 이것이 전 세계 사람들이 가진 경향이라고 생각해보자.

　노년에 대한 부정적인 인식은 아주 최근의 사고방식이다. 그런 믿음이 일반적이지 않았던 때가 그리 오래 지나지 않았다. 여러 다양한 사회·문화에서 나이가 가장 많고 지혜로운 사람들에게 부여한 단어들을 찾아보자. 다음은 연구와 조사를 통해 직접 수집한 단어의 일부다.

통찰자	여성 부족장	파터파밀리아스 Paterfamilias (남성 가장)
스승	장로	원로
현자	구전 역사가	오라클 oracle (귀중한 조언 주는 사람―옮긴이)
공경할 만한	존경받는	노련한

　특정 사회에는 노년을 향한 존경과 신뢰가 담긴 용어의 일부가 여전히 존재한다.

뇌세포가 죽는다는 증거는 없다

이제 이야기는 시간이 지남에 따라 뇌세포가 각질처럼 떨어져 나간다는 마지막 증거로 이어진다. 만약 뇌세포가 뇌의 컴퓨터 칩이라면 이 증거는 매우 강력하다. 하지만 다행히도 몇 년 전 《뉴사이언티스트》New Scientist 조사팀과 매리언 다이아몬드 교수가 '누가 그런 말을 했는가?'의 답을 찾아 나섰다. 그런 증거는 의학 교과서에 나와 있어야 마땅하다. 그래서 그들은 참고 문헌뿐 아니라 그 자료의 참고 문헌까지 확인했고, 그것이 결국 거대한 순환논증circular argument (증명하고자 하는 결론을 전제로 결론을 증명하는 논리적 오류—옮긴이)임을 밝혀냈다. 모두가 다른 사람의 말을 인용한 것일 뿐 실제적 증거나 출처는 존재하지 않았다. 의견이나 암시, 시사점, 힌트는 있으나 증거는 없었다.

이제 연구자들은 나이 들어도 뇌세포가 소실되지 않는다는 것을 밝혀내고 있다. 오히려 적절한 사고가 계속되면 각 뇌세포는 더 많은 연결 지점을 증대시키는 경향이 있다. 다시 말해 특정 유형의 긍정적인 스트레스 조건하에 뇌는 더 많은 연결 지점과 더 많은 잠재력을 증대시킬 뿐 아니라 지식의 조각들을 연결하는 더 뛰어나고 정교한 능력을 가진 생체 컴퓨터를 만들어낼 것이다.

이렇게 우리는 지금껏 노화에 따른 뇌의 자동적 쇠퇴에 대한 증거로 보았던 모든 주요 항목을 반증할 수 있는 단계에 왔다. 현재 세상은 인간이라는 지적 시스템을 개발하는 데 수천억 달러를 투자하고 있다. 그럼에도 여전히 65세라는 정점에 도달하는 순간 "시스템을 차단하라!"라고 몰아붙인다. 이는 어이없을 정도로 비합리적인 일이며 인간이라는 종의 역사라는 집단기억을 단절하는 일이기도 하다. 우리 스스로에게 이렇게 말하고 있다. "나의 65년 혹은 85년은 존재하지 않는 완전히 무의미한 시간이다!"

건강하게 늙은 뇌는 젊은 뇌만큼 활동적이다

미국 국립노화연구소는 최근 뇌 스캔을 이용해 21세에서 83세까지 다양한 연령대의 남성을 대상으로 뇌 화학 연구를 진행했다. 뇌의 여러 부분에서 일어나는 대사 활동에 대한 직접 평가를 기반으로 건강하게 나이를 먹은 뇌는 건강한 젊은 뇌만큼 활동적이고 효율적이라는 사실을 발견했다.

제리 에이본Jerry Avorn 박사는 이렇게 말한다. "고관절 골절이나 심근경색과 같은 질환으로 병원에 입원한 노인은 약물 부작용 또는 단순히 낯선 병원 환경 때문에 혼란을 겪을 수 있습니다. 이런 상태는 회복 가능한 것이지만 가족은 물론 의사조차 그 사실을 인식하지 못합니다. 결국 그들은 이것이 노인성 치매의 시작이라고 가정하고 환자를 요양원으로 보냅니다. 요양원에 있는 사람 중에 그곳에 있을 필요가 없는 사람이 얼마나 되는가는 아무도 모릅니다. 다만 그 수가 '많다'는 충분한 임상 증거가 있습니다." (국립노화연구소)

기업들도 조기 퇴직을 제안한다. 아이러니하게도 기업은 이런 선택으로 과거의 특정 상황에 어떻게 대처했는지에 대한 집단적 기억을 잃는다. 한마디로 지적 자본을 잃는 것이다. 같은 상황이 또 발생하면 결국 조기 퇴직자들을 컨설턴트로 다시 고용해야 한다! 우리는 이 모든 상황을 바꾸어야 할 때가 '바로 지금'이라고 말하고자 한다.

기억하라. 뇌는 나이가 들어가면서 필연적으로 좋아진다. 올바른 운영 지침에 따라 잘 사용하기만 한다면 죽기 전까지 점점 나아질 것이다. 지금부터 그 방법을 보여주겠다.

브레인 플래시 ◀ **경험의 가치는 얼마인가?**

많은 조직이 집단기억을 잃어버려 곤란을 겪고 있다. 지난 20년간 일어난 비즈니스 변화의 과정 어디에선가 경험이라는 아이디어의 가치를 깎아내렸기 때문이다. 지금은 경험을 부정적인 시각으로 보는 경향이 만연해 있다. 조직 내 변화의 속도를 늦춘다는 이유에서다.

영국의 한 소매은행이 겪고 있는 실적 부진의 원인 중 하나는 숙련된 직원의 부족이다. 이에 대해 한 학자는 "업무상 실수가 있을 때마다 장기 근속 관리자를 해고하여 조직의 기억을 지워 버리고 더 큰 실수를 저지를 가능성을 높였다."라고 평한다. (피터 헤리엇Peter Herriot · 캐럴 펨버튼Carole Pemberton, 《다양성을 통한 경쟁 우위》Advantage through Diversity 중에서)

상상을 초월하는 뇌세포의 힘

인간의 뇌에는 약 860억 개의 뉴런이 있다. 수학적으로 표시한다면 10의 9제곱의 86배, 즉 86,000,000,000개다. 이 수치가 어느 정도의 규모인지 파악하기 위해 블록을 쌓는다고 상상해보자. 0을 추가할 때마다 블록을 열 배로 늘린다. 10부터 시작하자. 가상의 블록 10개를 앞에 놓는다. 0을 추가한다. 그러면 블록을 열 배로 늘려야 하고 앞에 놓인 블록은 100개가 된다. 0을 하나 더 추가하면서 블록을 다시 열 배로 늘린다. 이제 당신 앞에 1,000개의 블록이 있다. 또 0을 하나 더 추가하면 1,000개의 블록은 10,000개가 된다. 0을 하나 더 추가하면 블록은 100,000개가 된다. 0이 9가 될 때까지 0을 계속 추가한다. 이제 이 블록 더미가 86개라고 상상해보라. 이것이 평균적인 인간의 뇌 속에 있는 뉴런의 수다.

뇌세포의 힘은 대단하다. 뇌세포를 더 많이 조사할수록 그 힘이 생각보다 크다는 것을 깨닫는다. 하나의 뇌세포는 유전적으로 새겨진 기억 안에 스스로를 완벽히 복제할 수 있는 코드를 갖고 있다. 자기 복제를 위해 뇌세포가 보유하고 있는 정보의 양을 생각해보라. 마치 거대한 도서관 같다. 하지만 이것은 뇌가 할 수 있는 일의 극히 일부에 불과하다. 뇌는 그 어떤 컴퓨터보다 훨씬 더 강력하다. 한 가지 흥미로운 사실이 있다. 당신 머릿속에는 지구상에 있는 인간보다 더 많은 잠재력이 존재한다. 당신은 지구 전체의 가치에 해당하는 잠재적 인간들을 머릿속에 가지고 있는 것이다!

꿀벌과 같은 작은 생명체도 인간과 똑같은 뇌세포를 가지고 있다. 그들의 뇌세포는 수천 개에 불과하다는 차이가 있지만 그 존재들도 무언가를 보고, 냄새를 맡고, 방향을 찾고, 기억하고, 서로 소통할 수 있다. 연구에 따르면 벌과 같은 곤충은 뇌세포를 한 개씩 가지고 있으며 그것이 뇌의 대부와 같은 역할을 한다. 이는 각 세포가 가진 가능성을 보여준다. 이것이 뇌세포의 힘이며, 우리 인간은 이런 뇌세포를 약860억 개 가지고 있다.

각 세포는 그 자체가 하나의 시스템처럼 움직인다. 세포는 확장하면서 연결할 다른 세포를 찾는다. 연결을 위한 탐색은 중요한 의미를 갖는다. 뇌를 열어서 볼 수 있다면 뇌세포가 서로 엉켜서 원을 이루고 있는 모습을 발견하게 될 것이다. 각 뇌세포는 촉수로 다른 뇌세포를 감싸면서 복잡한 연결망을 만든다. 각 촉수에는 문어와 같은 작은 빨판들이 있다. 각 촉수에는 수만 개의 빨판이 있고, 이런 수만 개의 촉수가 수백만 가지의 다른 방식으로 서로 연결되어 있다. 또 각 빨판의 촉수에는 수천 가지 조성의 화학 물질이 있다. 당신이 무언가 생각을 할 때 어떤 생각이든 전자기적 생화학 반응이 일어난다. 이 충동은 (우리가 아직 알지 못하는 이유에서, 그리고 아직 이해하지 못하는 방식으로) 한 뇌세포의 가지로 내려간다. 각 뇌세포는 독립적이다. 따라서 각 세포는 메시지가 갈 곳을 스스로 결정한다. 그럼에도 불구하고 각 세포는 다른 세포와 전적으로 상호의존적이다. 메시지가 촉수를 타고 내려와 빨판에 이르면 화학 물질의 칵테일이 그 간극 너머 다음 세포의 다음 빨판으로 발사된다. 이를 '시냅스 간극'synaptic gap 이라고 부른다.

여기에 '기억흔적'이라고 알려진 경로가 있다. 그것은 믿기 힘들지만 실존하는 사고의 패턴이다. 지적 영역의 지도이자 습관이며 확률이다. 이 모든 것이 동시에 실제로 존재한다.

아기의 몸속에서 처음 성장이 시작될 때 뇌세포는 이미 기본적인 구조를 갖춘 상태다. 만약 아기가 자극을 받지 않으면 세포는 지적으로 제자리걸음을 할 것이다. 주도적으로 연결을 생성하고 성장하지 못한다. 따라서 자극은 기관이 성장하고 복잡성을 더해가는 데 핵심 양분이다. 중요한 것은 세포의 크기가 아니라 세포의 상호연결성과 정교함이다.

특정 관점에서라면 인간의 학습 한계, 즉 시간이 흐르고 나이 듦에 따른 인간의 학습 능력에 대한 질문은 수학식으로 환원할 수도 있다. '우리가 사용할 수 있는 뇌세포는 얼마나 될까? 뇌는 얼마나 많은 생각을 받아들일 수 있을까?'와 같은 질문을 던지고 그 답을 찾으려 하는 것이다. 그런데 이런 수학적 관점을 변명으로 이용하는 사람들이 있다. 뇌의 제한된 용량을 이유로 들면서 학습을 포기하는 것이다. "공부를 더 할 수가 없어. 머리가 꽉 차서 공간이 필요해." 이는 터무니없는 변명이다.

그렇다면 우리가 만들 수 있는 사고 흔적thought traces의 수는 얼마나 될까? 1950년대에는 사고 흔적의 수를 10의 100제곱으로 계산했다. 얼마 후 이 수치는 10의 800제곱으로 수정됐다. 그런데 이마저도 너무 적은 것으로 밝혀졌다. 러시아 신경해부학자 표트르 아노힌Pyotr Anokhin이 계산한 이 수치는 1에 11폰트 글자로 0을 650만 마일(약 1,050만 킬로미터) 더한 것이다. 기능적으로는 무한한 용량이다.

좋은 변화를 이끄는 메타긍정사고

사고 과정은 스스로 작동한다. 지금부터 자연 상태의 사고 과정을 있는 그대로 살펴볼 것이다. 시간이 흐르면서 깊이 뿌리내린 나쁜 습관이 발전할 때 뇌세포 간 연결이 어떻게 일어나는지 알아보자. 이것은 생존에 좋지 못한 영향을 주는 오래된 나쁜 습관이다. 당신이 이 습관을 알고 있고 고치기로 마음먹었다고 가정해보자. 하루에 초콜릿을 두 상자씩 먹는데 이 습관을 20년간 유지해왔으며 당신의 체중은 180킬로그램이라고 가정한다.

"나는 초콜릿을 먹지 않을 거야."라고 말할 때 가장 먼저 드는 생각은 무엇인가? 이 말을 들었을 때 떠올린 것이 초콜릿이 아닌 다른 것이었는가? 좋아하는 초콜릿의 포장이 생각나지 않았는가? 이제 한 가지 생각이 뇌의 회로를 쌩하고 지나간다. 이 생각은 전에도 당신의 뇌 회로를 여러 번 지나갔다. '습관'이기 때문이다. 당신은 이를 인식조차 하지 않는다. 말 그대로 무의식적으로 일어났다. 이제 당신은 이 습관을 의식적으로 바꾸려고 한다. 좋은 소식은 '나는 변할 거야'라고 생각하는 것만으로도 실제로 뇌가 생리적으로 변화해 뇌세포 사이에 다른 흔적들이 활성화되도록 한다는 것이다.

이렇게 변화의 시작이 가능하기는 하지만 습관은 당신이 오랫동안 해온 일이다. 생일날 누군가 당신에게 초콜릿을 건넨다. 상자를 보면서 어떤 생각을 하겠는가? 아마도 '하나만 먹어야지!'라는 생각이었을 것이다. 이것은 오래된 나쁜 습관이다. 당신의 정신 소프트웨어에 설치되는 데 긴 시간이 걸렸기 때문에 한 번에 싹 바꿀 수가 없다. 그러나 당신이 고치겠다는 목표를 되새길 때마다 서서히 새로운 사고 패턴을 설치하고 이 긍정적 사고들을 새로운 좋은 습관으로 만들 수 있다.

새로운 좋은 습관을 만드는 가장 좋은 방법은 무엇에 집중할지 결정한 다음 정기적으로 다짐을 되새기는 것이다. 초콜릿의 사례에서 당신은 무엇에 집중하고 있었는가? 아마도 초콜릿이었을 것이다. 그렇다면 이 주제를 다루는 더 적절한 방식은 초콜릿을 먹지 않으면 얻을 수 있는 것들을 생각해보는 것이다. 오래된 나쁜 습관을 정복하고 새로운 좋은 습관을 만드는 궁극적인 목표는 더 탄탄하고 건강한 몸을 갖는 것이다. 이 목표를 어떻게 표현할 수 있을까? 효과적이려면 확언은 다음과 같은 기준을 충족해야 한다.

- 개인적이어야 한다. (예) '나는…'.
- 현재 상태로 표현한다. (예) '나는 …이다/한다'.
- 진행 중인 과정으로 표현한다. 이 점이 중요하다. '나는 건강하다'라고 말할 때 실제로 그렇지 않다면 스스로 거짓말을 하는 일이 되기 때문이다. (예) '나는 …되고/하고 있다'.
- 목표를 반드시 포함해야 한다. (예) '나는 건강해지고 있다'.

이런 식으로 목표를 반복적으로 되새기면 뇌가 오래된 나쁜 습관을 새로운 좋은 습관으로 개선하는 데 도움이 될 것이다. 이런 사례는 오래된 나쁜 습관의 위험과 뇌의 힘을 키우면서 좋은 습관을 만드는 방법을 보여준다. 이처럼 더 나은 변화를 위한 사고를 메타 긍정사고라고 한다.

이 사고법을 노화에 어떻게 적용할 수 있을까? 노화에 대한 당신의 생각은 오래된 나쁜 습관의 일부가 될 수도, 혹은 새로운 좋은 습관의 일부가 될 수도 있다. 어느 쪽이 좋을까? 성공적인 나이 듦을 위한 전략 설계에서 가장 중요한 것은 다음과 같은 일을 시도해보는 것이다.

- 지금껏 안 했던 유산소 운동(수영, 달리기, 자전거 타기, 조정 등)을 시작한다.
- 건강과 체력을 증진하기 위해 몸에 해로운 식단을 바꾸거나 개선한다.
- 담배를 끊고 과음을 중단한다.
- 기억력을 개발하거나 도전적인 새로운 정신 훈련을 시작하거나 체스, 바둑, 마인드 매핑과 같은 마인드 스포츠를 즐겨한다.
- 수영, 저글링, 무술을 배운다.

무엇보다 중요한 것은 오래된 나쁜 습관을 새로운 좋은 습관으로 바꾸라는 메시지에 집중하는 것이다!

포기 없이 배우는 뇌 만들기

뇌가 학습하는 방식을 쉽게 기억할 수 있도록 토니 부잔은 'TEFCAS'라는 연상 기호를 고안했다. TEFCAS의 작동 원리를 이해하기 위해 구체적인 예를 들어보겠다. 평소 세미나에서 강의할 때 학습에 대한 은유로 바둑, 체스, 마인드 스포츠, 저글링을 가르친다. 청중들이 유난히 공포에 떠는 것은 저글링이다. 처음 여러 개의 공과 마주했을 때까지는 대담했던 사람들도 주춤한다. 심지어는 뒤로 물러서는 모습까지 보인다. 첫 번째 시도는 성공할 수도, 실패할 수도 있다. 하지만 비교 대상이 없는데 성공적이라는 것을 어떻게 판단할까? 주위를 둘러보며 다른 사람들이 어떻게 하고 있는지를 살필 것이다. 그리고 성공하기 힘들 것 같으면 당신은 바로 포기할 것이다.

학습에 대한 개별적인 접근 방식과 사건을 처리하는 방식이야말로 성공적인 노화의 열쇠다. 그렇다면 어떤 학습 방법을 택해야 할까? 지난 10년간 전 세계에서 다양한 의견을 수집해오면서 사람들의 견해가 대체로 같다는 사실을 발견했다. 다음의 그래프는 그 조사 결과를 표현한 것이다. 이 그래프는 누구나 새로운 습관을 들이거나 습관을 변화시키는 과정에서 완만한 곡선을 그린다는 것을 보여준다.

| 표준 학습 곡선

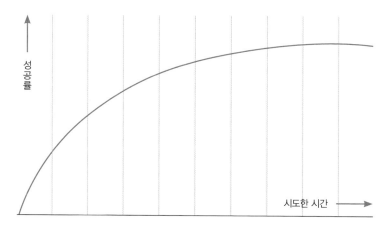

우리는 학습에 얼마나 잘못된 생각을 갖고 있는가! 이런 편견은 모든 문화와 언어권에 매우 강하게 자리 잡고 있다. 뇌에는 학습과 새로운 기술 습득을 위한 대단히 특별한 절차가 있다. 이를 쉽게 이해할 수 있도록 설명하기 위해 TEFCAS를 사용하겠다.

- T는 **시도(trial)다.** 건강한 식습관, 금연, 술 줄이기, 유산소 운동하기 등 새로운 일을 시도하는 것이다. 흥미를 유지하고 두뇌에 도전 과제를 주는 것은 시도의 일부다.
- E는 **사건(event)이다.** 공을 잡든 못 잡든 그 일 자체는 성공, 실패가 아닌 사건일 뿐이다. 사건에서 감정을 분리하면 다른 사람들이 실패했을 때에도 시도를 계속할 수 있다. 이는 일어난 일이 '좋은' 사건

인지, '나쁜' 사건인지 명확한 기준을 적용할 수 있다는 의미이기도 하다. 이로써 판단의 결과로 좌절하지 않고 데이터를 통해 배움을 얻을 수 있다.

- **F는 피드백(feedback)이다.** 진행 상황이 어떤지 살핀다. 적절한 피드백을 얻는다는 것은 정확한 평가가 가능하며 다음 단계를 계획할 수 있음을 의미한다.
- **C는 확인(check)이다.** 전문가나 선생님을 통해 혹은 자신의 목표와 비교하며 결과를 확인한다.
- **A는 조정(adjust)이다.** 무언가를 계속 같은 방식으로 시도하면서 다른 결과를 기대하는 것을 미친 짓이라고도 말한다. 따라서 지금 하고 있는 방식이 효과가 없다면 접근법을 바꾸어야 한다. 선생님을 바꾸거나 다른 유형의 장비를 사용하라.
- **S는 성공(success)이다.** 축하할 시간이 왔다. 뇌에 성공에 대한 보상을 주어라. 보상은 뇌의 쾌락중추를 활성화하여 학습과 그에 필요한 노력을 강화한다.

괴테가 "인간은 지향하는 바가 있는 한 방황한다."라고 말했다는 사실을 기억하길 바란다.

다음의 그래프는 뇌가 학습하는 방법을 안정점Plateau, 최저점, 최고점으로 표현해 보여준다. 새로운 일을 시도하게 된다면 이 그래

뇌가 학습하는 방법

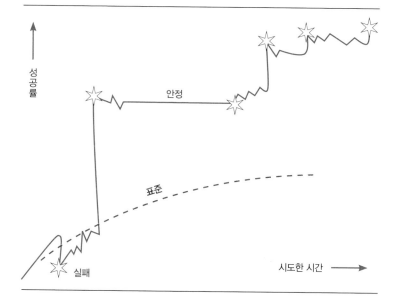

프를 보면서 학습의 어느 단계에 있는지 확인해보자. 가끔 실패하는 것 같아도 좌절하지 말라. 학습이나 변화의 과정에서 지극히 자연스럽고 정상적인 일이다.

자, 당신이 오래된 나쁜 습관인 담배를 끊으려 한다고 가정해보자. 이때 TEFCAS 모델을 사용한 메타긍정사고의 진행 과정은 다음과 같다.

- 시도: 기분이 계속 저조하다.

- 사건: 하루에 담배 40개비를 피운다.

- 피드백: 전문가들은 이 습관이 기대 수명을 12년 단축시킨다고 말한다.

- 확인: 추가적인 의견과 조언을 구한다.

- 조정: 흡연량을 조금씩 줄인다. 최고점과 최저점이 있을 것이다.

- 성공: 점진적이지만 꾸준히 건강해진다.

브레인 플래시 **니코틴은 뇌세포를 파괴한다**

텍사스대학 약학대학 린다 웡은 기존의 믿음과 달리 니코틴이 뇌세포를 자극하는 것이 아니라 손상시킨다는 연구 결과가 나왔다고 전하면서 니코틴의 진정 효과를 설명할 수 있다고 말했다. 웡은 니코틴이 학습, 기억, 감정과 같은 기본적인 행동을 제어하는 쥐의 뇌세포를 억제하는 것으로 보인다고 주장했다. 그의 실험과 결론은 제40회 미국 약리학·실험치료학회 연례회의에서 발표되었다. 이는 니코틴이 뇌세포를 자극한다는 과거의 과학적 믿음과 모순되는 결과였다.

과학자들은 오랫동안 니코틴이 일부 뉴런을 흥분시켜 다른 시냅스(뉴런 사이의 접합부)에 제약을 가해 진정효과를 유도한다고 믿었다. 웡은 쥐를 대상으로 한 연구 결과를 보면 니코틴이 인간의 뉴런 활동을 직접적으로 감소시킨다는 것을 시사한다고 말했다. 그 결과는 쥐의 뇌기저부에서 제거한 조직에 니코틴을 적용한 2년간의 연구를 기반으로 한다.

윙은 본래 세타파(뇌에서 생성되는 전류)와 연결된 뉴런 수용체를 제어하는 기제를 연구하고 있었다. 그러다 우연히 그와 동료들은 니코틴이 실제로 신경 활동을 억제한다는 사실을 발견했다. 그는 "정말 놀라웠습니다."라고 말했다. 그들은 니코틴이 영향을 받은 뉴런으로 하여금 칼륨을 방출하게 만들고 이 과정이 신경 자극의 전달을 크게 억제하여 다른 뉴런으로의 신호 발화가 어려워진다는 것을 발견했다. 일부 흡연자가 담배의 명백한 진정 효과를 경험하게 되는 것은 담배를 흡입할 때마다 폐와 뇌에 순간적으로 산소가 부족해져 '가벼운' 실신 상태를 경험하는 것이라고도 설명할 수 있다.

이러한 연구 결과는 제2장의 기대 수명 측정법에서 이야기한 내용과 전적으로 일치한다. 이때 분명 '하루 흡연량이 20개비 미만인 경우 2년을 뺀다. 20개비 이상 40개비 미만인 경우 7년을 뺀다. 40개비 이상인 경우 12년을 뺀다'라고 경고한 바 있다.

뇌를 확장하는 4가지 황금률

- 무엇이든 배워라! 훗날 불필요한 것은 없다는 사실을 깨닫게 될 것이다. —성聖 빅토르 휴 Hugh of St. Victor

· 모든 것은 다른 모든 것과 연결되어 있다. —레오나르도 다빈치

이제 당신은 자신의 뇌를 확장하는 데 충분한 새롭고 경이로운 정보들을 얻었다. 바로 실천을 시작할 때가 왔다.

1. 자신의 뇌와 그 역량을 믿는다.
2. 뇌의 생리학과 신경화학 분야부터 광범위한 정신 기술에 이르기까지 뇌의 모든 측면을 연구한다. 메타긍정사고와 TEFCAS 모델을 이해한다.
3. 뇌를 소중히 여긴다.
4. 뇌를 활용한다. 레오나르도 다빈치가 '완전한' 두뇌를 개발하기 위해 만든 다음의 법칙을 따른다.
   · 예술의 과학(과학자들의 연구 접근 방식과 유사하게 체계적이고 분석적인 사고 방식으로 예술에 접근하는 것을 의미한다 — 옮긴이)을 공부한다.
   · 과학의 예술(창의적, 예술적 사고를 과학적 탐구와 발견에 적용하는 것을 의미한다 — 옮긴이)을 공부한다.
   · 보는 법을 배우고 감각을 개발한다.
   · 모든 것이 다른 모든 것과 연결되어 있다는 깨달음을 토대로 앞의 세 가지 법칙을 연습한다.

자신의 뇌가 어떻게 작동하는지 배운다면 더 잘 작동하도록 할 수 있다. 예를 들어 뇌의 주된 기술 중 하나가 연상력과 결합된 상상력이라는 것을 깨달으면 이를 아는 것만으로 자연히 뇌는 이 두 가지 기술을 더 많이 사용하는 경로를 설정할 것이다.

이 과정을 향상하기 위해서는 우선 뇌의 기본적이고 매우 미묘한 메커니즘을 배운 후 마인드 매핑, 기억술, 창의적 사고, 속독, 다양한 신체 기술 등의 특정 기술을 배우는 것이 유용하다. 뇌에 대해, 그리고 뇌를 잘 사용하는 방법에 대해 더 많이 배울수록 발달의 모든 영역에서 선순환을 만들 수 있다. 예를 들어 정상적이고 활동적이며 건강한 뇌에 나이가 들어도 뇌세포가 손실되지 않는다는 지식은 보다 큰 자신감과 의욕을 불어넣는다.

이제 40~50대 이상의 사람들이 가장 자주 묻는 질문으로 넘어가도록 하자. 바로 '점점 나빠지는 기억력을 어떻게 개선할 수 있을까?'라는 궁금증이다. 예를 들어 전화번호를 받고 2분만에 잊어버리거나 열 명의 사람을 소개를 받았는데 열 번째 사람까지 소개 받고 단 몇 초 후에 이름을 까먹는 경우가 자주 있을 것이다. 나이가 든 사람들은 이런 모습이 정신 능력이 떨어지고 있는 증거라고 여긴다. 하지만 이는 나이 든 사람들만큼이나 젊은이들에게도 흔히 목격되는 증상이다.

장기기억은 너무 자동화되어 많은 사람이 그것이 기억이라는 사실조차 깨닫지 못한다. 예를 들어 매일 사용하는 모든 단어를 통한 모든 언어 구사는 장기기억의 기능이다. 이는 이런 정신적 기술의 놀라울 만큼 지속적인 힘과 정확성을 보여주는 예이기도 하다. 나이가 들면서 정신 능력이 쇠퇴한다는 불평, 특히 사라져 가는 기억력을 한탄하는 소리를 자주 듣게 된다. 그러나 이런 말을 하는 사람들이 보여주는 일관성과 호소력, 뛰어난 언어 기억력은 그들이 주장하려는 바를 완벽히 반박한다! 이름, 방대한 범위의 표준 지식, 환경과 경로에 대한 기억 모두 장기기억의 일부다. 단기기억과 장기기억은 집중력, 연상력, 상상력을 연습하고 다빈치의 두뇌 개발을 위한 법칙처럼 감각을 발달시켜서 향상할 수 있다. 이런 방식으로 개발을 해나간다면 각각의 감각이 서로를 돕고, 또 모두가 당신을 돕는다.

브레인 플래시 **뇌는 많이 쓸수록 더 좋아진다**

신경과학자들은 두뇌 체조의 이점을 탐구하고 있다. 어떻게 하면 더 빨리 사고하고, 기억력을 개선하고, 알츠하이머병을 예방할 수 있을까? 뇌가 근육과 매우 유사하게 작동하며 더 열심히 사용할수록 더 많이 성장한다는 증거들이 늘고 있다. 오랫동안 과학자들은 뇌 회로의 배선이 청소년기에 굳어지고 성인이 되면 경직된다고 믿어 왔다. 하지만 새롭게 발견된 뇌의 변화와 적응 능력은 노년기에도 잘 유지되는 것으로 보인다. 무엇보다도 이 연구는 뇌졸중과 두부 손상을 치료하고 알츠하이머병을 예방할 수 있는, 흥분되는 가능성을 열어주었다. (《라이프》 중에서)

지금 실천해야 할 것들

- 아직도 운동을 시작하지 않았다면 뇌가 새로운 좋은 습관을 받아들이는 방법을 알게 된 지금 당장 시작하라.

- 제8장에서 식단에 대한 조언을 제공할 것이다. 당신의 식습관을 생각해보라. 몸에 좋지 않은 음식을 먹고 있는가? 정크푸드와 달콤한 간식을 많이 먹지는 않는가? 그렇다면 오래된 나쁜 습관을 버리는 방법을 알게 된 지금이 변화를 시작할 때다!

- TEFCAS 모델, 오래된 나쁜 습관, 새로운 좋은 습관에 대한 새로운 지식을 활용하여 모든 면에서 더 건강해지기 위해 헌신하라. 정신력이 향상되고 운동을 즐기면서 더 오래 살게 될 것이다.

- 기억력과 같은 특정한 새로운 정신 능력을 개발하고자 한다면 학습 과정을 시작하도록 뇌를 설득할 방법을 알게 된 지금이 적기다. 메타긍정사고는 성공으로 가는 지름길이다.

자극을 통한 뇌 개발의 가능성을 확인했으니 생리학 이론을 뒷받침하는 도덕적 또는 윤리적 이론을 찾아야 한다. 다음 장에서 바로 이 점을 다룰 것이다.

AGING AGELESSLY

항상 헤쳐 나아가려 노력하는 자, 우리가 구원할 것이다. (…)
태초에 말씀이 있었다? 태초에는 행위가 있었다.
— 괴테, 《파우스트》 중에서

제5장

끊임없는 자기 도전으로
나아가라

이제 우리는 뇌의 생리적 자극이 극적이고 유익한 변화를 이끈다는 사실을 알고 있다. 제5장에서 이야기할 논리적 단계는 이 생리학적 사실에 대한 예술적, 문학적, 정치적, 철학적 근거, 말하자면 자극의 철학을 찾는 것이다.

역사상 가장 위대한 천재 중 한 명인 괴테의 글은 자기 도전을 통한 자기계발 전략에 철학적 정당성을 제공한다. 이를 위해 그의 명작 《파우스트》의 주요 대사를 인용하고 재해석한다. 자기 도전의 요소는 지극히 중대하다. 이야말로 뇌를 물리적으로 향상시키는 새로운 시냅스 연결을 개발하는 길이기 때문이다.

괴테는 행동으로 보여주었다

독일 문학에서 괴테는 셰익스피어, 밀턴, 바이런, 단테, 라신, 코르네유, 몰리에르를 하나로 합쳐진 것과 같은 존재다. 5만 단어라는 방대한 어휘를 구사한 그는 인류 역사상 IQ가 가장 높은 인물로 평가받는다. 그는 변호사이자 시인, 극작가, 소설가, 정치가, 역사학자, 해부학자, 식물학자, 안경사, 철학자였다. 각기 다른 커리어를 동시에 해나가면서도 모든 영역에 고루 헌신하고 열정을 쏟았으며 83세까지 건강하게 살다가 "더 많은 빛을!"Mehr Licht 이라는 말을 남긴 채 세상을 떠났다.

괴테의 최고 걸작은 2부작으로 이루어진 비극《파우스트》다. 독일 문학에서 가장 위대한 희곡으로 인정받는 이 장편시는 과학자이자 철학자인 파우스트가 자신의 연구로 풀리지 않는 유일한 미스터리를 풀기 위해 악마(메피스토펠레스)에게 영혼을 팔아 완전한 지식과 절대적인 힘을 얻으려는 이야기를 들려준다. 파우스트의 비극은 크리스토퍼 말로Christopher Marlowe 와 토마스 만Thomas Mann 등 세계적 작가들의 마음을 끈 주제로, 서양 문명에서 가장 가슴 아픈 신화 중 하나다. 하지만 괴테는 거기에 매우 다른 관점을 적용했다. 생애 동안 그렇게 많은 창작물을 어떻게 만들어냈는지 설명하는 관점, 말하자면 우리에게 매우 중요한 메시지를 전달하는 관점 말이다. 괴테가《파우스트》제1부에 대한 방대한 계획을 처음 세운 것은 48세였던 1797년이었다. 그는 남은 생을《파우스트》집필에 헌신했고, 실제로 이 작품은 세상을 떠나기 9개월 전인 1831년 82세의 나이에 완성한 마지막 대작이 되었다.

부잔은 저서《부잔의 천재에 대한 책》Buzan's Book of Genius 에서 성을 지닌 모든 사람이 알고 있는 중요한 비밀로 괴텐디피티Goethendipity 이론을 처음 밝혔다. 여기서는 이 이론을 괴테의 말로 다시 전하려 한다. 괴텐디피티 이론의 효과는 나이가 몇 살이든, 어떤 계층에 있든 자신의 성과를 향상하려는 모든 사람에게 즉시 분명히 나타날 것이다. 자, 이제 괴테의 차례다.

자극과 도전을 멈추지 마라

전념하기 전까지는 망설임이 있고, 물러설 기회가 있으며, 항상 무력하다. 모든 주도적 행위(그리고 창조적 행위)에는 근본이 되는 진리가 있다. 이를 모르기 때문에 수없이 많은 아이디어와 빛나는 계획이 사장된다. 그 진리란 바로 온전히 헌신하는 순간 섭리도 움직인다는 것이다.

그렇지 않았다면 결코 일어나지 않았을 온갖 일이 일어난다. 그 결정으로 수많은 사건이 속속 발생한다. 예상치 못한 사건과 만남, 물질적 지원 등 자신에게 유리한 일이 일어난다. 꿈조차 꾸지 못했던 방식으로 일이 잘 흘러간다.

할 수 있는 일이 무엇이든, 꿈꿀 수 있는 일이 무엇이든 지금 시작하라. 대담함 속에는 천재성, 힘, 마법이 있다. 지금 시작하라.

우리는 여기에서 처음으로 《파우스트》의 중심 구절에 숨겨진 의미를 전하고자 한다. 우리 두 저자는 이를 '괴테 건틀렛'(건틀렛 gauntlet은 중세 시대에 착용한 금속으로 덮인 보호용 가죽 장갑이다. 여기서는 견디거나 도전해야 할 시련을 암시한다—옮긴이)이라고 부른다. 이 구절은 나이가 들면서도 오히려 두뇌의 힘과 효율성을 향상시키고자 하는 모든 사람을 위한 하나의 중심이 되는 진리를 담고 있다.

오해하지 말라. 순진한 사람들에게 인위적인 행복감을 주기 위해 고안된 키메라chimera(사자의 머리에 염소의 몸통을 가지고 뱀의 꼬리를 단 그리스신화 속 괴물이다. '헛된 희망'을 뜻할 때에도 쓰인다—옮긴이)가 아니다. 영국의 저명한 의학 전문가 앤드루 스트리그너Andrew Strigner를 비롯한 여러 의학자가 확인하고 잘 입증된 의학적 사실이 있다. 사고 기관에 끊임없이 신선한 도전을 제시할 때 뇌의 시냅스 연결이 성장하고 연상 능력이 발전한다는 것이다.

끊임없이 신선한 자극과 흥미로운 도전을 추구한다면 당신의 삶은 더 풍요롭고 흥미로우며 재미있고 궁극적으로는 더 깊은 의미를 갖게 될 것이다.

침대에서 빈둥대는 순간 끝이다

다시 《파우스트》로 돌아가 악마가 파우스트에게 인간이 바라는 모든 쾌락을 제공하는 장면을 살펴보자. 파우스트는 이런 반응을 보인다.

> 파우스트: 내가 편안히 침상에 누워 빈둥거린다면 그것으로 내 인생은 끝장이다! 내게 야망이 없다고 나를 속일 수 있다면, 순수한 쾌락의 삶으로 나를 유혹할 수 있다면 그 순간은 지상에서의 내 마지막 날이다! 내기하자!
>
> 악마: 좋다!
>
> 파우스트: 확인했다. 한 번도 아니고 두 번이나! 만약 내가 순간 "시간이 멈추었으면 좋겠다. 너무 아름답구나."라고 말한다면 그 즉시 네 악마의 사슬에 나를 묶어라. 나는 나의 위대한 게임에서 진 것일 테니! 종말을 알리는 종이 울리고 당신의 임무는 끝이 나겠지. 시계가 멈추고, 시계 바늘은 떨어지고, 나의 시간은 끝날 것이다.

이 메시지에 이 책이 말하고자 하는 모든 조언이 담겨 있다. 이 책은 나이를 먹는 동안 뇌의 기능을 향상시키고 정신 능력의 쇠퇴를 피하고자 하는 사람들을 위해 쓰였다. 단 몇 행으로 표현된 괴테의 메시지는 끊임없는 시도, 지칠 줄 모르는 노력을 이야기한다. 다만 이런 시도와 노력은 우주라는 거대한 배경 속에서 우리의 위치를 온전히 의식하는 길 위에 있는, 목적이 있고 긍정적인 것이어야 한다. 이런 의미에서 《파우스트》는 지극히 낙관적인 시이며, 괴테가 조국과 세상에 남긴 유언이기도 하다.

비평가들이 지적하듯 극히 보편적인 내용과 폭넓은 정서적 · 지적 호소력, 풍부하고 다양한 시적 형식을 지닌 《파우스트》는 베르길리우스의 《아이네이스》, 단테의 《신곡》, 밀턴의 《실낙원》과 필적하는 위치에 서 있다. 이 책의 남은 부분을 읽기 전에(앞으로 이야기할 모든 정보, 조언, 실천 과제를 접할 때마다 항상 괴테의 메시지를 염두에 두도록 하라) 가능한 철학적 반론을 언급하는 것이 좋겠다.

프랑스의 위대한 작가이자 철학자 볼테르는 《캉디드》에서 노인들에 대한 이런 은유적 조언을 남긴 것으로 유명하다.

"우리는 우리의 정원을 가꾸어야 한다." Il faut cultiver notre jardin (보통 '현실적으로 살아야 한다'는 의미로 해석하지만 여기에서의 주제에 맞추어 정원을 가꾸어야 한다고 직역했다—옮긴이).

언뜻 보기에는 끊임없이 노력하라는 괴테의 메시지와는 거리가 먼 온건한 훈계 같다. 하지만 더 자세히 들여다보라. 볼테르는 '우리는 우리의 정원을 가꾸기 위해 은퇴해야 한다'라거나 '우리는 우리의 정원에서 잠들어야 한다'라거나 '우리는 우리의 정원에서 대마초를 피워야 한다'라고 쓰지 않았다. 또 '우리는 우리의 정원에서 무의미하게 술을 마셔야 한다'라고도 쓰지 않았다.

그는 의도적이고 의식적으로 미묘하게 '가꾼다'cultivate 라는 능동적인 단어를 썼고, 그런 의미에서 괴테와 같은 견해를 갖고 있다.

지금 실천해야 할 것들

- 적극적으로 정신 활동을 한다. 흥미롭고 도전적인 목표를 선택하고 이를 추구한다. 당신의 관심사는 무엇인가? 당신이 잘하는 것은 무엇인가? 즐기는 것은 무엇인가? 자신이 가장 잘하는 분야 중 하나에 대한 도전을 결정한다.

- 춤을 배우거나 새로운 언어를 공부하거나 악기를 연주하거나 마인드 스포츠를 하거나 그림을 그린다. 요트, 산악 자전거, 무술, 피클볼pickleball(테니스, 배드민턴, 탁구의 요소를 결합한 스포츠 — 옮긴이) 등 선택할 수 있는 수십 가지의 스포츠가 있다. 모험을 즐긴다면 남극을 횡단하거나 에베레스트를 등반하라! 도전의 크기는 중요치 않다.

중요한 것은 스스로를 자극하는 것이다. 이와 동시에 다른 사람들과 교류하고 새로운 상황에 적응할 수 있다면 더 좋다.

자극이 많은 환경 vs. 정체된 환경

UC버클리대학 심리학자 마크 로젠츠바이크Mark Rosenzweig는 다채로운 환경이 뇌의 성장에 미치는 영향을 평가하기 위해 첫 번째 그룹의 아기 쥐를 경사로와 사다리, 바퀴, 터널 등 기타 자극이 가득한 우리에서 길렀다. 두 번째 그룹의 쥐는 자극이 없는 환경의 우리에 두었다. 105일 후에 쥐의 뇌를 검사하자 다채로운 환경에서 자란 쥐의 뇌가 대조군의 뇌보다 더 큰 것으로 나타났다. 신경아교세포도 15퍼센트 더 많았고, 뉴런의 몸체도 15퍼센트 더 컸다. 가장 중요한 것은 다른 뉴런과의 상호 연결이 더 많이 이뤄졌다는 점이다.

AGING AGELESSLY

가장 고귀한 황제여, 배움으로 죽음을 피할 수 있는 사람이 있다면 바로
당신이 그 사람이다.
— **신성로마제국 학자이자 점성가 마이클 스콧**Michael Scott

제6장

그들은 어떻게
최고의 뇌를 가졌을까

제4장에서는 뇌가 생리적으로 변화할 수 있다는 것을, 제5장은 이 전략을 추구하는 데 힘을 실어주는 철학적 정당성을 살펴보았다. 이번 장에서는 정신 능력을 확장하고, 뇌의 생리적 복잡성과 정교함을 개발하고, '괴테 건틀렛'을 받아들이는 길로 첫걸음을 내딛는 데 도움을 주기 위해 고안된 자극적인 도전 메뉴를 제시한다.

그 길을 향한 첫걸음을 대변하는 개인적 도전과 목표로 '올해의 두뇌상'Brain of the Year Award 에서 기준으로 삼는 열 가지를 제시할 것이다. 덧붙여 영감을 주는 사례로 몇몇 수상자의 프로필과 이야기도 들려준다.

'올해의 두뇌상'의 10가지 기준

영국의 브레인 트러스트Brain Trust 라는 자선단체에서 선정하는 올해의 두뇌상 최종 후보에 오르거나 수상하는 것을 궁극의 도전 과제로 삼아보자(자세한 내용은 '세계 기억력 챔피언십' 홈페이지 WorldMemoryChampionships.com에서 찾을 수 있다). 브레인 트러스트는 인지, 학습, 뇌 분야를 연구하고 관련 지식을 보급한다.

지난 몇 년간 올해의 두뇌상은 세계 체스 챔피언 게리 카스파로프Garry Kasparov, 체커checkers 게임에서 실리콘 그래픽스 치누크Silicon Graphics Chinook 컴퓨터를 물리친 매리언 틴슬리Marion Tinsley 박사, 유명 코치이자 베스트셀러 작가 아리프 아니스Arif Anis 에게 주어졌다. 이 상은 다음의 열 가지 기준을 가장 잘 충족하는 개인에게 수여된다.

1. 자신이 선택한 분야에서 발군의 실력을 보여야 한다.
2. 해당 분야에서 새롭고 창의적인 발전에 기여해야 한다.
3. 해당 분야에서 다른 사람들을 교육하기 위해 주목할 만한 노력을 해야 한다.
4. '건강한 신체에 건강한 정신이 깃든다'는 원칙을 생활 속에서 구현해야 한다.
5. 오랜 시간에 걸쳐 끈기와 체력을 보여주어야 한다.

6. 다양한 문화적 관점을 존중하고 공감해야 한다.

7. 소속된 사회에 뚜렷한 기여를 해내야 한다.

8. 인류에 대한 관심을 보여야 한다.

9. 적극적인 활동을 위해 노력하며 자신의 메시지에 대한 신념과 전달하려는 열정을 갖춰야 한다.

10. 자신이 선택한 분야에서는 물론 일반적으로도 좋은 롤모델이 되어야 한다.

이 열 가지 기준은 노력을 기울이고 자신의 성과와 향상을 평가할 수 있는 대단히 도전적인 목표이자 기준이다. 다음은 과거 수상자들의 프로필이다.

50대에 <스타트렉>을 탄생시킨 작가

진 로든베리Gene Roddenberry 는 50대가 훨씬 넘은 나이에 〈스타트렉〉을 탄생시킨 작가이자 제작자다. 또한 그는 엔지니어, 파일럿, 참전 영웅, 사회운동가이자 선각자였다. 작가 활동 초기에는 〈총을 들고 여행을〉Have Gun, Will Travel (체스의 '기사' 말을 상징으로 삼은 지적인 영웅 팔라딘이 주인공인 최초의 서부극)이라는 TV 프로그램의 창작 팀에서 중요한 역할을 맡았다. 미국 인본주의자 협회American Humanist Association 의 주요 구성원으로 활동하던 로든베리는 이어 〈스타트렉〉

제작에 착수했지만 해결하기 힘들어 보이는 장애에 직면했다. 반응의 거의 전부가 조롱뿐인 작품을 TV 시리즈로 제작할 수 없었던 것이다. 〈스타트렉〉에 영감을 준 주제는 인종과 성 평등, 지성과 육체수련, 연민과 사랑의 중요성 등이었다. 로든베리는 이렇게 말했다. "다르다는 것이 반드시 추하다는 것은 아니다. 다른 생각을 가진다는 것이 반드시 잘못된 것은 아니다. 인류에게 일어날 수 있는 최악의 일은 모두 똑같이 보고, 말하고, 행동하고, 생각하기 시작하는 것이다. 인간의 성숙함과 지혜를 가늠하는 가장 좋은 척도는 다른사람이 '나는 이런 이유로 당신과 동의하지 않는다'라는 말을 들었을 때 얻은 가치를 인정하는 것이다."

난독증을 앓은 세계 최초의 기억력 챔피언

도미닉 오브라이언Dominic O'Brien 은 세계 최초의 기억력 챔피언이자 8회에 걸쳐 우승자로 기록된 사람이다. 처음 챔피언 타이틀을 얻은 것은 52장으로 구성된 한 벌의 카드를 2분 29초 동안 완벽하게외워 세계 신기록을 달성했을 때였다. 1994년에는 44.78초로 기록을 경신했다(현재 세계 신기록은 2017년에 중국의 저우 루지엔Zou Lu-jian 이 세운 13.96초다). 오브라이언은 학교에서 두각을 나타내지 못했다. 학창 시절, 난독증과 주의력 결핍장애를 진단 받았고 읽고 쓰는 데 어려움을 겪었다. 그의 재능은 시각화 능력이다. 오브라이언은 적절한 훈련만 받으면 누구나 자신과 같이 해낼 수 있다고 믿는다. 그는 자신의 기억력을 탐구하며 발전시키고, 기억력 향상 시스템을 만들고, 다른 사람들의 암기력 향상을 돕는 데 평생을 바쳐왔다.

컴퓨터를 이긴 체커 챔피언

1927년 2월 3일에 태어난 매리언 틴슬리 박사는 40년 이상 체커 게임계를 군림한 챔피언이었다. 그의 가장 큰 업적은 1992년 런던에서 치누크 드래프트 컴퓨터를 이긴 일이었다. 그는 1995년 4월 3일에 사망했다. 틴슬리는 체커 선수로 활동하는 동안 최고 수준의 토너먼트 게임과 지역 및 전국, 세계 선수권 대회의 일대일 대결 등 수천 번의 경기를 치렀다. 그 과정에서 틴슬리가 패배한 것은 총 아홉 경기에 불과했다. 그는 체커 게임의 세계 최고 기록 보유자일 뿐 아니라 알렉산더 알레킨Alexander Alekhine, 바비 피셔Bobby Fischer, 카스파로프를 비롯한 체스계의 거장들과 견주어도 손색없는 뛰어난 업적을 남겼다. 틴슬리는 의심할 여지없는 역대 최고의 마인드 스포츠 챔피언이었으며 모든 스포츠를 통틀어 가장 위대한 챔피언이었다고 할 만하다.

전 세계 챔피언이자 틴슬리의 스승인 아사 롱Asa Long은 틴슬리가 체커를 공부하는 데 10만 시간을 투자한 것으로 추정했다. 롱은 "그 사실만으로도 이 단순한 게임에 대한 몇 가지 질문에 대답이 될 것이다."라고 말했다. 틴슬리가 반박의 여지가 없는 세계 챔피언이 된 것은 1954년이었지만 많은 체커 역사학자들은 그의 진정한 지배가 시작된 것이 그보다 7년 전이라고 믿는다. 이후 38년 동안 체커계를 완벽히 평정한 그는 1992년 65세의 나이에 은퇴를 결심했다. 상대가 없었기 때문에 무패 챔피언으로 은퇴했고, 그의 위대함을 인정한 체커계는 그에게 '명예 세계 챔피언'이라는 칭호를 수여했다.

그러나 체커계를 휩쓸며 새롭게 1위 자리에 등극한 경탄스런 신예의 등장으로 틴슬리는 은퇴를 번복해야 했다. 이 새로운 천재에 흥미를 느낀 그는 신동의 세계 타이틀 도전을 받아들였고 이로써 마인드 스포츠의 새로운 시대가 시작되었다. 신예 선수에게는 실리콘 두뇌가 있었다. 그 정체는 바로 캐나다 앨버타대학의 조너선 셰퍼Jonathan Schaeffer가 프로그래밍한 실리콘 그래픽 컴퓨터로 코드명은 치누크였다. 이 컴퓨터는 1분에 체커의 수를 300만 번이나 계산해냈고, 틴슬리의 모든 대국을 포함해 180억 개 포지션의 데이터베이스를 보유하고 있었다. 경기 전 대부분의 마인드 스포츠 선수와 참관자들은 이 '실리콘 두뇌' 신동이 인간 선수를 철저히 패배시켜 인공지능의 우월성을 입증할까봐 극도의 긴장감을 드러냈다.

틴슬리는 늘 그렇듯 차분하고 평정심을 유지하는 태도로 재미있어 하는 듯 보였다. 대단한 상대가 두렵지 않느냐는 취재진의 질문에 그는 치누크가 대학원생과 비슷하게 생각한다고 설명했다. "몹시 똑똑하고 열심이어서 제가 자는 동안에도 기꺼이 문제에 매달리지만 진정으로 사고할 줄을 모르는 거죠." 그리고 더없이 자신감이 넘치는 이유를 이렇게 설명했다. "셰퍼 교수와 그의 팀은 프로그래머로서 뛰어나지만 제게는 더 뛰어난 프로그래머가 있다고 믿습니다. 그의 이름은 신이죠."

66세의 틴슬리는 이전에는 볼 수 없었던 수준의 체커 게임을 펼치며 점차 기계의 정신을 제압했다. 그는 2주 동안 매일 12시간에 걸쳐 하루 네 번의 경기를 치르는 강행군을 펼친 끝에 39번째 경기에서 우승하는 초인적인 업적을 이뤘다. 이는 틴슬리의 보기 드문 의지력과 체력은 물론 인간의 뇌는 잘 사용한다면 나이 들수록 그 능력이 향상된다는 그의 신념을 잘 보여준다. 컴퓨터가 대국을 포기한 순간 그는 자리에서 일어나 "인류의 승리입니다!"라고 외쳤다.

틴슬리에 대한 가장 큰 찬사는 셰퍼 교수와 그랜드 마스터 체커 커뮤니티에서 나왔다. 틴슬리와 치누크의 게임을 분석한 그들은 모두 놀라운 결론에 도달했다. 대국자 중 어느 쪽이 컴퓨터이고, 인간인지 모르는 상태라면 관찰자는 컴퓨터의 수를 인간의 수로 보고, 틴슬리의 완벽한 게임을 인공지능이 이긴 결과라고 확신했으리라는 것이다.

틴슬리는 이런 전대미문의 정신적 업적으로 1995년 4월 21일로열 앨버트 홀 페스티벌 오브 더 마인드Royal Albert Hall Festival of the Mind에서 발표된 브레인 트러스트의 올해의 두뇌상을 수상했다.

초고령자의 놀라운 활력

초고령자는 여러 면에서 일반 노인들보다 건강하다. 예를 들어 심장병과 뇌졸중은 남성의 경우 50~80대에, 여성의 경우 그보다 약 10년 후인 60~90대에 가장 큰 영향을 준다. 이 위험지대를 잘 통과한 사람은 발병할 확률이 낮다. 마찬가지로 알츠하이머병이 희생자를 선택하는 시기도 대개 80대 중반까지다. 연구자들은 90대 남성이 정신 능력 테스트에서 80대 남성보다 더 좋은 성적을 냈다는 것을 발견했다. 죽음의 신 역시 초고령자 앞에서는 속도를 늦춘다. 50세에서 90세까지는 사망 확률이 매년 기하급수적으로 증가하지만 90세 이후에는 증가세가 둔화된다.

초고령자의 활력은 간단히 설명할 수 있다. 유전적으로 약한 사람들은 죽고, 남은 사람들은 건강하고 튼튼한 사람들이기 때문이다. 그들은 스트레스에 놀라울 정도로 잘 대응한다. 교육과 마찬가지로, 절제와 운동을 동반하는 생활 방식도 도움이 된다. 연구에 따르면 평균적으로 교육을 많이 받은 사람이 노년기에 정신적 쇠퇴를 덜 경험한다고 한다. 《타임》 중에서)

20년 넘게 인류의 삶을 향상시키다

자선가 아리프 아니스는 코로나 발생 기간 동안 이룬 뛰어난 업적으로 2021년 올해의 두뇌상 수상자로 선정되었다. 그는 이 기간 동안 기발한 '100만 끼니 캠페인'(자세한 내용은 onemillionmeals. uk에서 볼 수 있다)을 펼쳐 영국 국민보건서비스National Health Service, NHS를 지원하면서 세계적으로 인정을 받았다.

아니스는 선구적인 사상가로도 전 세계에 알려져 있다.《나는 할 수 있다》IMPOSSIBLE ,《꿈을 쫓아라》Follow Your Dreams ,《경기장의 남자》The Man in the Arena 의 저자이며 카이저 아바스Qaiser Abbas 와《위기에서 만들어진》Made in Crises 을 공동 저술했다. 2018년《파워 100 영국 의회 리뷰》Power 100 British Parliamentary Review 에서는 아니스를 유럽에서 가장 영향력 있는 선구자 100인 중 한 명으로 선정했다. 그는 20년 동안 사람들의 삶을 향상시키고, 인류와 정책에 영향을 미치고, 담론을 형성하는 업적을 쌓았다. 학습과 개발에 기여한 공로를 인정받아 2019년에는《글로벌》Global 에서 선정한 올해의 글로벌 인물상Global Man of the Year 을 받았다.

국제 인적 자본 전문가이기도 한 아니스는 최고의 코치와 기업 리더, 국가 원수, 최고경영자 등을 교육했다. 또 주요 기조 연설자로서 두 명의 미국 대통령, 세 명의 영국 총리를 비롯해 영향력 있는 세계 인사들과 일했다. 또 영국의 찰스 3세가 후원하는 영국 아시아 트러스트British Asian Trust 를 지원하고 있다. 그는 세계 최대 규모의 무이자 소액 금융 대출 기관인 아쿠와트Akhuwat 의 이사로서 약 400만 건(7억 2,500만 달러 이상)의 자금을 지출했다. 아니스의 이니셔티브는 BBC, ITV, Sky, CNBC, 〈데일리 텔레그래프〉The Daily Telegraph 를 비롯한 여러 글로벌 플랫폼에 소개되었다.

지금 실천해야 할 것들

최종적으로 당신은 올해의 두뇌상에 도전하기로 결심했을 수도 있고, 아닐 수도 있다. 어떤 결정을 했든 이 장에서 설명한 올해의 두뇌상이 제시하는 열 가지 기준과 도전 과제를 따른다면 당신은 목표와 단계가 명확한 프로그램을 만들 수 있을 것이다. 이는 결국 지속적인 자기계발로 이어질 것이다. 각 도전 과제를 차례대로 혹은 동시에 시도해보자!

다음 장에서는 가장 큰 도전 과제를 다룰 것이다. 나이가 들면 성적인 활동이 줄어든다는 보편적 믿음을 말이다.

AGING AGELESSLY

저에게 정결함과 금욕을 허락하십시오. 단 아직은 아닙니다.

— **성 어거스틴** St. Augustine

제7장

성생활을 즐겨라
젊음이 찾아온다

성적 활동은 나이가 들면서 감소할까? 아니면 70세에 더 활발해질까?

이 장에서는 나이를 먹으면 성적 활동이 자연히 줄어들 수밖에 없다는 오류를 탐색할 것이다. 성행위는 육체적 활동인 동시에 정신적 활동이다. 사랑의 행위가 두뇌의 필수 영양분으로 어떻게 작용하는지 보여줄 것이다. 활동적이고, 기민함을 유지하고, 삶에 대한 호기심이 계속되는 한 수십 년 동안의 성생활을 비관적으로 전망할 이유가 없다.

오히려 성생활은 더 큰 즐거움의 원천이 될 수 있다!

활기를 되찾은 노인의 반전

브리티시컬럼비아주 밴쿠버의 80대 이상 요양원에서 일하는 간호사와 직원들은 92세의 한 노인 때문에 곤란을 겪고 있었다. 그는 개인실을 사용하는 부유한 남자로, 악몽 같은 입주자의 전형이었다. 참을성 없고, 다루기 힘들고, 심술궂고, 짜증이 많고, 입버릇이 사납고, 분노나 불만을 표출하지 않을 때는 심각한 소통 불능 상태였다. 특히 면회 시간이면 친척이나 친구들이 면회하러 오지 않아 혼자 있는 때가 많은 그의 행동은 더 사나워졌다.

어느 날, 그는 평소 소통하던 몇 안 되는 간호사 중 한 명에게 어린 조카의 면회를 주선해 줄 수 있는지 물었다. 당연히 허가가 났고, 다음 면회 날(일주일에 세 번 있다)에 활기차고 매력적인 젊은 여성이 그를 만나러 왔다. 조카가 다녀간 후 이 90대 노인의 행실이 훨씬 나아지자 조카는 일주일에 세 번씩 면회를 할 수 있게 되었다. 조카의 똑 부러지고 지적이고 우호적인 행동은 직원과 다른 환자들에게도 활력을 주었다. 6개월에 걸친 매주 세 번의 방문은 요양원에 큰 변화를 주었다. 특히 그 노인의 행동이 이전과는 정반대가 되었다. 헌신적인 가족의 애정에 온기를 느끼고 그녀의 활기찬 성격에 자극을 받은 그는 병원 직원, 환자들과 수다를 떨고 농담을 주고받는 사교적인 모습을 보였고 육체적, 정신적으로 훨씬 활기가 생겼으며 함께 있는 것이 즐거운 사람이 되었다.

이 행복한 이야기는 누군가 우연히 끔찍한 진실을 발견하면서 비극적인 결말을 맞았다. 이 노인의 조카는 사실 고급 창녀였으며, 이 성적으로 왕성한 92세 노인은 일주일에 세 번 활기를 주는 대화를 즐기는 대신 열정적인 성관계를 갖고 있었던 것이다!

사람들의 반응은 즉각적이고 극적이었다. 이 노인은 사적으로도, 공적으로도 추잡한 늙은이라는 질타를 받았고, 그의 '조카'는 영영 요양원을 찾지 못하게 되었으며, 그는 요양원에 있는 모든 직원과 환자, 입주자들로부터 분리되는 사실상의 독방 감금 신세가 되었다. 예상대로 그의 행동은 바로 이전과 같이 사나워졌고, 얼마 남지 않은(아마 원래보다 훨씬 짧아졌을) 그의 인생을 반항과 고통 속에 보내야 했다.

나이와 성욕의 관계에 대한 오해

위의 이야기에는 여러 가지 도덕적 문제가 드러난다. 또 흥미로운 질문도 떠오른다.

1. 나이가 들수록 성적인 관심이나 활동이 점점 더 추잡한 것으로 여

겨지는 이유는 왜인가?

2. 노년기에도 강한 성적 충동을 경험하는 것은 자연스러운 일인가?

3. 인간 종의 실제 성적 행동 패턴은 세월이 흐르면서 어떻게 변화하는가?

다음 표의 빈칸을 직접 작성하면서 위 질문들을 생각해보자. 성행위의 활동량을 상대적으로 비교했을 때 가장 많다고 생각하는

| 성행위를 가장 많이 하는 연령대

나이	순위
0~9세	
10~19세	
20~29세	
30~39세	
40~49세	
50~59세	
60~69세	
70~79세	
80~89세	
90~100세	

연령대부터 1부터 10까지 순서를 매겨보는 것이다.

이에 대해 부잔은 글로벌 설문조사를 실시했다. 아메리카, 유럽, 중동, 오스트랄라시아Australasia (오스트레일리아·뉴질랜드·서남 태평양 제도를 포함하는 지역―옮긴이) 대륙의 50여 개국을 대상으로 진행되었다. 그 결과 60대 이후(심지어 50대 이후)에는 성적 활동이나 성욕이 전혀 없을 것이라고 가정하는 경우가 일반적이었는데 놀랍게도 이는 언어와 문화에 차이가 없었다. 그렇다면 실제 사실도 이런 인식과 일치할까?

프로이트가 주장한 '리비도'libido (성 충동을 의미하는 말로, 카를 융이나 지그문트 프로이트 등의 연구에서 나타난다. 정신분석학적인 용어로 일반적으로는 개인이 개인적 발달이나 개성화 과정에서 겪게 되는 자생적인 정신적 에너지를 의미한다 ―옮긴이) 해방에도 불구하고 현 시대의 전반기에는 성과 성적 행동에 대한 태도에서 해방이 일어나지 않은 듯 보인다. 예를 들어 1950년대 미국 산부인과 의사 윌리엄 마스터스William Masters 와 버지니아 존슨Virginia Johnson이 진행한 초기 연구에서 40세 이상의 사람들이 실제로 정기적으로 활발한 성생활을 즐긴다는 사실이 밝혀졌을 때 이는 전혀 뜻밖의 일로 여겨졌다.

다음 표는 전 세계 사람들이 연령대별 성행위 활동량을 상대적으로 추정한 순위를 보여준다.

| 성행위를 가장 많이 하는 연령대에 대한 글로벌 설문조사 결과

나이	순위
0~9세	5
10~19세	2
20~29세	1
30~39세	3
40~49세	4
50~59세	6
60~69세	7
70~79세	8
80~89세	9
90~100세	10

블록버스터급 연구로 꼽히는 마스터스와 존슨의 후기 연구와 《하이트 리포트》The Hite Report (미국계 독일 성 전문가 및 페미니스트 셰어 하이트Shere Hite 가 14~78세 사이 여성을 대상으로 실시한 성생활 관련 설문조사를 토대로 1976년도에 펴낸 저서—옮긴이)를 비롯한 수많은 연구는 현실에서 이뤄지는 성생활이 가정과 매우 다르다는 것을 보여준다. 동의하에 이루어지는 개인 간의 성행위에 대한 실제

▎성행위를 가장 많이 하는 연령대에 대한 실제 사실

나이	순위
0~9세	10
10~19세	5
20~29세	3
30~39세	4
40~49세	6
50~59세	2
60~69세	1
70~79세	7
80~89세	8
90~100세	9

순위는 위의 표에 표시된 결과와 같다는 증거가 점점 늘고 있다. 이 표는 성행위를 가장 많이 하는 연령대의 실제 순위를 보여준다.

'그럴 리 없어! 60대가 1위일 리가 없어!'라고 외치고 있는가? 실제로 이 연구 결과가 처음 공개 세미나에서 알려졌을 때 청중의 반응은 불신에서 더 나아가 노골적인 조롱에 이르렀다.

실제 연령대별 성생활에 관한 진실

하지만 일상생활을 조사해보면 일반적으로 알려진 가정이 더 비합리적이고, 새로운 조사 결과가 당연한 것으로 보인다. 전 세계적으로 보여준 나이와 성생활에 대한 가정을 반영한 순위와 실제 증거를 비교해 살펴보자.

0~9세

개인 간의 성생활이 거의 없다. 이는 호르몬 변화가 시작되지 않았고, 이성 접촉이 공개적인 장소에서 제한적으로 이뤄지며, 사회가 일반적으로 그런 행동을 장려하지 않기 때문이다.

10~19세

흔히 가정하는 것보다 성행위 활동량이 훨씬 적다. 대체로 10대 초반까지는 그 이전의 생활 방식이 이어진다. 성행위에 대해 생각하는 시간은 많아질 수 있지만 실제 활동은 제한적인 경우가 많다. 그 이유는 다음과 같다.

- 이성 접촉이 여전히 공개적인 장소에서 이루어진다.
- 미지의 활동 영역에 대한 두려움(임신, 질병, 평판의 손상)이 활동을 억

제한다.

- 활동에 대한 무지는 대단히 짧은 접촉으로 이어지는 경우가 많다.
- 10대 시절의 요동치는 감정은 종종 상처와 오랜 기간의 금욕으로 이어진다.
- 많은 사회와 종교가 미성년자 간의 성적 접촉을 막는다.

20~29세

당연히 이 시기가 성적으로 가장 활발할 것이라고 생각되는가? '당연히'라는 생각은 틀렸다.

20대의 통계와 현실적인 상황을 고려해보라. 보통의 커플이 열 아홉 살이나 스무 살에 결혼한다고 가정해보자. 결혼 첫해에는 성적 활동이 많은 것이 보통이다. 그런데 이 시기에 정규적인 일자리를 찾아야 하고, 서로의 습관에 익숙해져야 하며, 집을 빌리거나 사야 한다. 결혼 2년차(부부의 나이는 스물 한 살이다)가 되면 이 '보통'의 부부는 첫 아이를 갖는다. 일과 경제적인 압박이 늘어나기 시작하고, 같은 해 말쯤 여성은 다시 임신을 한다. 다음 해에는 둘째가 태어난다. 부부의 에너지를 고갈시키는 피임 장치가 있다면 바로 어린 두 자녀다.

이후 서른 살이 될 때까지 부모는 자녀를 키우기 위해 필요한 것들은 점점 많아지는데 모든 자원, 특히 경제적 자원과 시간이 점점 빠르게 줄어드는 것을 경험한다. 이 시기에는 일반적으로 생각하는 것만큼 성행위가 활발하지 않다.

30~39세

이 시기에는 일과 관련된 스트레스, 재정적 부담, 시간적 제약의 압박이 계속된다. 게다가 아이들은 10대가 된다! 부모는 삶의 이 단계에서 빽빽거리는 새끼를 위해 하루 종일 먹이를 찾아다 나르는 늦봄의 암수 새와 흡사한 모습이다. 하루가 끝나면 침대에서 사랑을 나누기는커녕 침대에 기어 들어갈 힘조차 찾기 힘들 때가 많다! 특별히 성적으로 활발한 시기는 아니다.

40~49세

설문조사 답변자들의 일반적인 예측대로 이 시기는 이전 시기보다도 활동성이 떨어진다. 이것은 유전적인 또는 진화론적 이유 때문은 아니다. 이는 오로지 기회가 부족하고, 엄청난 에너지가 다른 활동 영역에 할애되고 있기 때문이다.

이 10년 동안 업무의 압박은 점점 늘어난다. 경력이 쌓이면서 일주일에 6~7일을 하루 14~16시간씩 일해야 하는 경우가 많고, 그 과정에서 휴일을 희생해야 하는 경우도 허다하다. 어떤 이유로 경력이 정체되거나 단절되면 의욕 저하, 환멸, 무기력감이 찾아와 창의력, 영감, 성적 에너지를 고갈시키는 경향이 있다. 자녀가 상급학교에 진학해 부모에게 경제적·정서적 부담을 주거나 거주 비용 부담을 줄이기 위해 부모를 떠나지 않는 경우가 많다.

50~59세

60대는 점차 '성적 쇠퇴'의 전환점이 되고 있다. 조기 퇴직 제도를 두는 조직이 늘면서 쉰다섯 살에 은퇴하는 것이 드물지 않은 일이 되고 있다. 결승선을 바라보며 에너지를 끌어올리는 달리기 선수처럼 30년 동안 일해 온 사람들은 곧 자유를 얻는다는 생각에 기운을 찾는 경우가 많다. 이 나이 즈음에 은퇴를 하면 완전히 새로운 기회의 세계가 펼쳐진다. 다음 이야기는 이 사실을 잘 보여준다.

20대 초반에 결혼한 한 부부는 자녀를 키우느라 혼신의 힘을 다했다. 두 사람 모두 수입을 늘리기 위해 부업을 했다. 그들은 두 살 터울로 태어난 네 명의 자녀를 키웠다. 자녀 넷 모두 학교를 잘 마치고 대학에 진학했다. 이제 막내는 대학 졸업반이 될 것이고, 졸업 후에는 해외로 가 여행을 하고 직장 경험을 쌓을 예정이다. 가족의 둥지에서 떠나는 마지막 여행이라는 데 의미를 둔 부모는 아이를 수백 마일 떨어진 대학까지 차로 데려다 주고 며칠에 걸쳐 여유롭게 집으로 돌아왔다. 주차장 진입로에 들어서자 아내는 남편을 향해 활짝 웃으며 이렇게 말했다. "신혼집에 온 걸 환영해요, 여보."

상상력을 발휘하면 그 마법 같은 순간과 이후 두 사람의 성생활을 더 자세히 그려볼 수 있을 것이다.

60~69세

'새로운 1위!' 60대가 성생활이 활발한 연령대 1위를 차지한 것은 현대사회에서 이 시기의 많은 사람이 여전히 신체적으로나 정신적으로 건강하고, 부유하고, 호기심이 많고, 두 번째 어린 시절(좋은 의미에서)로 돌아갈 준비가 되어 있기 때문이다. 이를 명확하게 확인해주는 한 사례가 있다. 60대 초반에 남편이 사망한 어느 영국 여성의 이야기다.

몇 년 동안 슬픔 속에서 보낸 이 여성은 자녀들에게 남자친구를 찾기 시작해도 괜찮을지 물었다. 그녀는 자녀들의 아버지가 자신이 아는 유일한 남자였고, 이제는 자신도 요즘의 젊은 여성들처럼 성생활을 진지하게 탐구하고 싶다고 설명했다. 자녀들은 좋은 생각이라는 데 동의했지만 어떤 놀라운 이야기가 뒤따를지는 미처 알지 못했다. 이후 3년 동안 이 여성은 50세의 헝가리인, 33세의 이탈리아인, 62세의 영국인, 24세의 미식축구 선수를 비롯한 다양한 남성과 만나 연애를 했다. 최근에 새로 사귄 남자친구를 집에 데려와 가족들에게 소개했을 때는 역할이 뒤바뀌어서 사람들 앞에서 사랑을 속삭이고 껴안고 애무하는 어머니와 남자친구를 자녀들이 훈계하는 상황이 펼쳐졌다.

이 시기에는 평생의 꿈을 추구할 수 있는 기회가 늘어나고, 가정을 함께 꾸려 온 사람과 마침내 친밀한 관계를 탐색하는 일이 가능해진다. 이와 달리 새로운 연인과 관계를 맺을 기회가 생기는 경우라면 수많은 탐색의 길이 열린다. 이 점을 잘 보여주는 재미있는 이야기가 있다. 1980년대 중반 한 세미나에서 부잔은 연령대별 성생활에 관한 설문조사에 대해 강의하고 있었다. 점심시간이 되자 아름다운 65세 여성이 무대로 달려와 그의 손을 잡으면서 눈을 빛내며 이렇게 말했다. "감사합니다. 정말 감사해요. 이제 집으로 돌아가서 애인에게 우리 두 사람 다 미친 게 아니라고 말할 수 있게 되었어요!"

이런 긍정적인 특성과 상황에 더해 이 시기의 사람들은 성에 대한 이해도가 높고, 상대를 배려하며, 경험도 풍부하다. 즉 급박한 육체적 갈망으로 이루어진 젊은 세대의 연애가 아닌 좀 더 느긋하고 탐구적이며 실험적이고 낭만적인 연애를 할 수 있다.

70~79세

일반적인 고정관념과 달리 70대 노인은 매우 활기차고 정력적이며 열정적인 경우가 많다. 당신이 이 글을 읽는 지금도 많은 70대가 산을 오르고, 마라톤을 하고, 시니어 올림픽을 준비하고, 열정적

인 사랑을 나누고 있을 것이다! 그들은 풍부한 경험을 쌓았을 뿐
아니라 많은 자본도 축적했다. 오늘날 경제학자들은 70세 이상의
사람들이 전 세계 부의 70퍼센트 이상을 소유하고 있는 것으로 추
정한다.

지속되는 육체적·정신적 활력과 마음껏 쓸 수 있는 막대한 자원
이 있으면서 성적 에너지가 넘치는 이 나이대의 사람들은 여전히
활동적이다.

80~89세

이 연령대에 대해 이루어진 연구는 거의 없다. 그러나 초기 보고
는 70대에서 80대로 넘어가도 성욕이나 성적 활동에는 큰 변화가
생기지 않는다는 것을 보여준다. 예를 들어 메이 웨스트Mae West (미
국 영화배우이자 희곡 작가로, 페미니스트이면서 동성애자 인권운동을 처
음 시작한 사람이기도 하다—옮긴이)는 노년기 내내 사그라들지 않은
성욕을 충족시키기 위해 많은 남자를 만났다. 그녀는 애인들이 자
신을 건강하고 행복하게 만들며 자극과 만족감을 주었다면서 유일
한 불만은 젊은 애인들이 체력이 약하다는 것이라고 말했다. 독자
들이 탐구의 기회가 무르익은 이 분야를 조사해보기를 권한다!

90~100세

이 장의 첫 이야기처럼 성적인 영역에서 여전히 대단히 활발한 90세 노인들의 이야기가 많이 존재한다. 스페인의 위대한 화가 파블로 피카소는 80대와 90대 내내 젊은 애인을 찾아 작업실 주변을 돌아다녔던 것으로 유명하다. 인간의 정신과 성적 욕구라는 두 개의 불꽃은 일생 동안 나란히 밝게 타오르며, 낭만적 성향은 실제로 나이가 들면서 더 강해지는 것처럼 보인다. 우리 자신 안에서 그리고 다른 사람 안에서 이 세 가지를 키우고 보살피는 것은 나이에 관계없이 누구에게나 중요한 일이다.

이렇게 증거가 명백한데도 세상에 그런 끔찍하게 잘못된 인식이 존재하는 이유는 무엇일까? 그 답은 대부분의 현대 국가가 사람의 육체는 왠지 불결하고, 섹스는 음란하며, 아이를 낳고 나면 성 기능은 끝난 것이란 잘못된 믿음으로 아이들을 키웠다는 사실에 있다. 슬픈 아이러니는 아이들이 부모를 무성애자로 여기며 성장한다는 것이다. 그들은 자신을 세상에 존재하게 한 바로 그 활동에 부모가 참여했다는 것을 상상하지 못한다. 이런 믿음은 자기강화적인 성격을 가지며 자기충족적 예언이 되어 세대에서 세대로 이어지고 확고히 자리를 잡는다.

사랑의 행위가 뇌에 영양분을 준다고?

　일생동안 성생활을 지속하는 것의 중요성을 지지하는 증거가 뇌와 영양 분야 연구에서 나오고 있다. 우선 뇌는 생존을 위해 다섯 가지 필수 영양소를 필요로 한다.

1. 산소
2. 음식
3. 물
4. 정보
5. 사랑

　뇌가 기능하기 위해 산소, 음식, 물이 필요하다는 것은 누구나 알고 있다. 하지만 나이가 들어가는 동안 건강하고 활동적인 두뇌를 유지하는 데 정보와 사랑 역시 필수적이라는 것은 깨닫지 못하는 경우가 많다. 이런 필수 요소들이 없으면 뇌는 기능이 떨어지고 멎어 버린다.

　간단한 사고 실험만으로 사랑의 중요성을 납득시킬 수 있다. 사랑하는 사람이 몇 마디의 잘 선택된 효과적인 말로 당신을 사랑하지 않을 뿐 아니라 당신이란 존재에 완전히 무관심하다는 것을 납

득시킬 때 당신이 신체적으로 얼마나 파괴적인 영향을 경험할지 (또는 경험했는지) 생각해보라. 뇌는 사랑과 함께 신체적 접촉, 애무를 필요로 한다.

브레인 플래시 ◀ **마음껏 먹어도 날씬해지는 비밀?**

콜레스테롤 섭취 관련 실험에서 일어난 재미있는 사건을 통해 뇌의 사랑에 대한 욕구를 확인할 수 있다.

미국 영양학자 윌리엄 글래서William Glasser는 토끼에게 콜레스테롤이 많은 사료를 먹이고 있었다. 실험 목적은 적절한 콜레스테롤 수치를 파악하고, 어느 수준에서 건강에 해로운 체중 증가가 유발되는지 알아내는 것이었다. 실험에 참여한 토끼들은 몇몇 개의 우리에서 여러 마리가 함께 살았다. 다양한 식단을 제공된 다음 모두 동일한 고콜레스테롤 식단이 주어졌다. 이전의 모든 변수는 일정하게 유지되었고, 모든 토끼가 비슷한 방식으로 반응할 것이라고 가정했다.

모든 토끼가 예상했던 반응을 보였지만 한 우리의 토끼들만은 예외였다. 이 토끼들은 다른 우리에 있는 토끼와 유전적으로 동일한데도 다른 모든 토끼가 예상대로 체중이 증가하는 동안 예외인 우리 속 토끼들만 설명할 수 없는 이유로 매끈하고 날씬하며 건강했다. 글래서와 그의 동료들은 원인을 찾기 위한 정밀 분석에 들어가 혈액 샘플을 비교하고, 유전자 코드를 확인하고, 우리의 재료를 분석하고, 모든 토끼

의 모든 환경 변수가 실제로 동일했는지 확인하고, 식이 기록을 검토했다. 모든 조사는 막다른 길로 이어졌다.

약 일주일이 지난 후 여전히 고콜레스테롤 사료를 먹은 토끼들이 모든 예측을 깨고 날씬한 상태를 유지하고 있었다. 그러다 한 연구원이 늦은 밤 연구실을 지나가다가 불이 켜져 있는 것을 발견했다. 무슨 일인지 알아보기 위해 연구실에 들어간 그는 야간 근무 중인 다른 연구원이 예외 증상을 보인 토끼 중 한 마리를 안고 있는 것을 발견했다. 무슨 일이냐고 묻자 토끼를 안은 연구원은 야간 근무가 지루할 때가 많다고 설명했다. 동물, 특히 토끼를 좋아하는 그녀는 자주 휴식 삼아 실험실에 들어와서 이 특정 우리에 있는 토끼들을 5~10분 정도 쓰다듬고 놀아주며 애착을 느꼈던 것이다.

이 실험은 아무도 계획하지도, 예상하지도 못했던 놀라운 결과를 냈다. 글래서는 연구에 대한 결론을 내리며 이렇게 말했다. "좋아하는 것을 먹되 매일 조금씩 사랑을 행하라."

운동은 몸과 정신을 개선하고 성욕을 높인다

의학은 적절한 운동을 하면 인간의 몸에 100년의 세월이 주어져도 대단히 건강하고 탄탄하게 유지된다는 증거를 제시하고 있다. 20대 초반이 지나면 모든 것이 피할 수 없는 급격한 쇠퇴로 접어든다는 오래된 오해는 이제 역사의 쓰레기통으로 내쳐지고 있다.

운동을 많이 하는 사람은 운동을 즐기지 않는 사람보다 혈액량이 1파인트(약 0.47리터) 더 많다. 그리고 혈액은 모든 장기, 특히 뇌와 생식기에 효율적으로 산소를 공급한다. 더 튼튼한 심장일수록 더 천천히 규칙적으로 뛰고 이에 따라 스트레스는 줄어들고 자신감은 높아진다. 모든 장기가 더 효율적으로 기능하고, 질병의 위험이 감소하며, 근긴장도가 향상되고, 전반적인 주의력과 에너지 수준이 높아지며, 신체적·정신적·성적 지구력이 크게 향상된다.

평생 동안 특히 성적인 장수를 보장하기 위해서는 다음 세 가지 형태의 신체 단련 활동을 일주일에 세 번, 각각 20분 이상 실시해야 한다.

- **유산소**: 유산소 운동은 심장 박동을 분당 110~150회로 유지하는 운동 형태다. 이런 종류의 운동에는 수영, 달리기, 자전거 타기, 조정, 춤, 경보, 유산소 운동 기구 사용, 격렬한 성행위 등이 있다.
- **유연성**: 아기 같은 유연성을 평생 동안 유지할 수 있다. 전직 요가 강사였던 마저리 오언스Margery Owens 는 황반변성으로 시력을 거의 잃었는데도 여전히 매일 아침 요가를 한다. 그리고 20, 30대 젊은이들도 잘하지 못하는 스플릿 동작을 여전히 잘해낸다. 마저리는 자신의 유연성을 운이나 유전이 아닌 수련, 즉 매일 하는 요가 훈련의

결과라고 말하며, 기민한 정신을 유지하는 데에도 도움이 되었다고 생각한다. 그녀는 "최근 여러 전문가들이 요가가 기억력에 좋다고 말합니다. 저도 나이에 비해 기억력이 매우 좋다는 말을 듣고요."라고 말한다.

브레인 플래시　　**유연한 몸**

유연성 향상을 위해 고려할 만한 좋은 운동에는 합기도, 태극권, 수영, 체조, 댄스, 유연한 마음과 유연한 몸을 통한 성행위가 있다. 특히 인도의 성에 관한 경전인 '카마수트라'는 훌륭한 지침서다.

- **근력**: 근력도 평생 유지할 수 있다. 근력을 유지하는 방법에는 웨이트 트레이닝, 조정, 빠른 수영과 달리기, 짐내스틱댄스gymnastic dance(체조의 요소, 예술적 표현, 동작을 결합한 춤의 한 형태―옮긴이), 등척성 운동isometric training(근육의 등척성 수축 원리를 이용해 고정된 물체를 밀거나 당기는 정적인 훈련법―옮긴이) 그리고 더 높은 수준의 신체 활동과 체력, 운동 능력을 포함하는 성행위가 있다.

이 모두가 반드시 실행할 만한 가치가 있는 것일까? 그렇다! 건강과 에너지를 발산하는 몸은 접촉하는 모든 사람에게 성적 메시지를 비롯한 수십억 개의 메시지를 발산한다. 그리고 당신의 몸은 생각보다 훨씬 더 복잡하고 소중한 도구다. 이어서 설명하는 정보를 통해 인체가 얼마나 놀라운가를 이해하고, 건강 유지의 중요성을 깨닫고, 애정 관계와 성적 관계를 탐구하는 것은 곧 기적을 탐구하는 것임을 발견하자.

인간의 몸이 가진 미친 능력

평생 동안 몸을 발전시키는 일이 가능하다면 정확히 무엇을 발전시킬 것인가? 평범한 인간, 즉 당신에 대한 다음의 놀라운 사실들을 고려해 생각해보자.

1. 모든 인간은 아버지가 생산한 4억 개의 정자 중 단 하나와 어머니가 생산한 하나의 난자로 만들어진다. 이 난자는 도토리 크기의 공간을 채우는 데 200만 개가 필요할 정도로 매우 작다.
2. 각각의 정자와 난자로 약 3,000,000,000,000억 명의 인간을 만들 수 있는 조합이 가능하다. 이 중에는 같은 인간이 하나도 없다.
3. 인간의 눈에는 1억 3,000만 개의 광수용체가 있다.
4. 인간의 귀에는 2만 4,000개의 섬유가 있으며 이들은 임청난 범위

의 공기 진동과 그 안의 미묘한 차이를 감지할 수 있다.

5. 신체 움직임, 운동, 환경 민감성을 위해 200개의 정교하게 구조화된 뼈, 500개의 완벽하게 균형 잡힌 근육, 7마일(11킬로미터)의 신경 섬유가 있다.

6. 인간의 심장은 매년 3,600만 번 박동하며 6만 마일(96,560킬로미터)의 동맥, 정맥, 모세혈관을 통해 매년 60만 갤런(272만 7,600리터)의 혈액을 쏟아낸다.

7. 폐를 평평하게 펴면 폐 세포는 테니스 코트 전체를 덮을 수 있다.

8. 인체를 순환하는 혈액에는 22조 개의 혈액 세포가 있다. 각 혈액 세포 안에는 수백만 개의 분자가 있으며, 각 분자 안에는 초당 1,000만 번 이상 진동하는 원자가 있다.

9. 매초 200만 개의 혈액 세포가 죽는다. 그리고 새로 생긴 200만 개로 대체된다.

10. 인간의 뇌에는 약 860억 개의 뉴런 또는 신경세포가 있으며 이는 현재 지구상에 살고 있는 인구수의 거의 열 배에 달한다.

11. 인간의 뇌에는 1,000조 개의 단백질 분자가 있다.

12. 인간의 몸에는 400만 개의 통증 감지 구조가 있다.

13. 인간의 몸에는 50만 개의 촉각 탐지기가 있다.

14. 인간의 몸에는 20만 개의 온도 탐지기가 있다.

15. 인간의 몸 안에는 세계에서 가장 큰 도시를 여러 번 다시 건설할

수 있을 정도의 원자 에너지가 있다.

16. 태초부터 현재까지 지구에는 약 1,100억 명의 인간이 살아왔으며 각각 다른 사람과 놀라울 만큼 다르다.

17. 인간의 후각은 공기 1조 분의 1에 존재하는 대상의 화학적 냄새를 식별할 수 있다.

브레인 플래시 ▶ **우리 몸의 진짜 생식기, 뇌!**

일생 동안 우리 몸에는 강력한 성적인 힘이 잠재되어 있다. 지구상에서 가장 큰 성기가 생식기가 아닌 '뇌'라는 것을 아는가? 가히 놀랍고도 기쁜 소식이 아닐 수 없다! 성행위는 육체적 활동인 동시에 정신적 활동이며 정신적 측면이 훨씬 더 강력한 역할을 한다. 평생 정신지능, 특히 상상력을 계속 개발한다면 성적 능력도 계속 발전할 것이다.

뇌, 성, 사랑, 낭만

미국 저널리스트 낸시 헬미히Nanci Hellmich는 전 세계 베스트셀러 작가들을 대상으로 성적 매력이 가장 큰 남녀 주인공의 자질을 논의하는 설문조사를 실시했다. 이 결과는 나이를 먹는 동안에도 계속 정신적 능력을 향상시키기 위해 노력하는 사람들에게 특히 큰 만족감을 선사할 것이다.

《천국이나 다름없는》Almost Heaven 의 주디스 맥노트 Judith McNaught

- 이상적인 남자 주인공: 강하고 재치 있고 지적인 사람. 제 책 속의 모든 남자 주인공은 의사소통에 강한 사람들입니다.
- 이상적인 여자 주인공: 남자 주인공과 아주 비슷합니다. 유머 감각이 있고 지적인 사람.

《금지된 불》Forbidden Fire 의 헤더 그레이엄 포제세르 Heather Graham Pozzessere

- 이상적인 남자 주인공: 함께 있으면 즐겁고, 정직하고, 밝은 사람.
- 이상적인 여자 주인공: 자신만의 주관이 뚜렷한 사람. 지적이고 똑똑하며 기꺼이 기회를 잡는 사람.

《마음의 방》Rooms of the Heart 의 도나 힐 Donna Hill

- 이상적인 남자 주인공: 꿈에 그리던 남자. 강인하지만 부드러운 사람. 커리어를 지향하는 성향의 사람.
- 이상적인 여자 주인공: 강인하고 결단력이 있는 사람. 커리어와 연애를 모두 감당할 수 있는 사람. 지적이고 온화하며 보통 마음을 끄는 매력이 있어야 합니다.

《스핏 파이어》The Spit Fire 의 비어트리스 스몰 Beatrice Small

- 이상적인 남자 주인공: 지적이고 여성에게 기꺼이 배우려는 사람. 유머 감각이 있는 사람.
- 이상적인 여자 주인공: 유머 감각이 있는 사람. 성적 접근에 반응하는 아름다운 여성 그 이상이 필요합니다. 여자 주인공에게는 두뇌가 필요합니다.

작가들의 답변에서 놀랍게도 두뇌와 지능이 성적 매력을 주는 조건 1위를 차지했다. 제2장의 기대 수명 추정치에 관한 이야기를 통해 보여주었듯이 일주일에 한두 번의 규칙적인 성관계는 기준 수명보다 2년을 더 살 수 있게 해준다. 지능이 평균 이상(평균 IQ는 100이다)이라면 2년이 더 추가된다.

지금 실천해야 할 것들

이제 수십 년간 성생활의 쇠퇴를 경험하는 것이 전혀 불가피한 일이 아님을 알았다. 성은 끝없는 기회와 풍성한 즐거움 그리고 다른 사람과 친밀감을 배우고 공유하는 무한한 가능성을 가진 영역이다.

이 영역에 건강한 신체와 지적이고 창의적이며 민첩하고 기민한 정신, 끝없는 호기심으로 탐구적이고 개방적이며 아이 같으면서도 낭만적이고 배려하는 태도를 더한다면 나이에 상관없이 성생활과 파트너와의 관계에서 점점 커지는 황홀경을 경험하게 될 것이다.

성 건강을 유지하는 일은 몸과 마음 모두 늙지 않지 않으면서 나이 드는 데 대단히 중요하다.

- 일주일에 3일 이상 운동한다. 일주일에 6일 동안 유산소 운동과 근력 운동을 번갈아 하는 것을 고려한다.
- 매일 스트레칭, 요가, 태극권, 기공 수련 등을 통해 신체 유연성을 높인다.
- 독서, 게임, 퍼즐, 교육적 경험에 몰두한다. 성생활은 육체적인 것이 전부가 아니다. 오히려 대부분은 마음에서 이루어진다.
- 성을 인생의 우선순위에 두고, 성적인 관계를 육성하고, 파트너와 성생활을 탐구한다.
- 침실 밖에서도 파트너와 함께 재미있고 낭만적인 시간을 보낼 수 있는 방법을 찾는다. 침실 밖에서 더 재미있게 보낼수록 침실 안에서의 즐거움도 커진다.

AGING AGELESSLY

몸을 보살펴라. 몸이 건강하다면 하나님을 찬양하고 건강을 선한 양심 다음으로 가치 있게 여겨라. 건강은 우리 인간이 가질 수 있는 두 번째 축복이며 돈으로 살 수 없는 축복이기 때문이다.

— 아이작 월턴 Izaak Walton, 《조어대전》 The Compleat Angler

제8장

좋은 것을 먹고, 운동하고,
건강하라

제4장에서는 뇌세포가 나이에 따른 발전을 위한 모든 프로그램의 핵심이라는 것을 살펴보았다. 이제 우리는 또 다른 과제를 제시하려 한다. 신체 건강을 발전시키는 포괄적인 새 습관을 개발하는 것이다. 이런 방식만이 당신에게 지시를 내리는 수십억 개의 미니 생체 컴퓨터가 최대 용량으로 작동하게 하고, 무한한 연결의 잠재력을 가장 효과적인 방식으로 늘릴 수 있다.

전문가의 의학적 의견을 인용해 운동과 식단이 장수와 정신적·육체적 건강 유지에 주는 혜택을 설명할 것이다. 건강한 정신을 유지하기 위해서는 건강한 신체를 만들어 그 안에 담기 위해 끊임없이 노력해야 한다.

바쁜 경영인들은 꽉 찬 일정 사이에 가끔 스쿼시 게임이나 골프 라운딩을 끼워 넣을 수 있다. 사무직 종사자들은 점심시간에 식사 대신 헬스클럽 수업에 참여할 수 있다. 하지만 운동 루틴을 통해서 경쟁에서 이기거나 살을 빼는 것보다 더 많은 것을 얻고 싶다면 운동 속도를 높여야 한다. 20년간 1만 7,300명의 중년 남성을 추적한 연구자들은 거의 매일 격렬히 운동하는 사람이 일주일에 한두 번만 땀 흘리는 사람보다 더 오래 산다는 사실을 발견했다. 연구를 이끈 이이민Lee I Min 박사는 숨이 조금 차는 정도의 운동으로는 차이를 만들 수 없다고 말한다. 가벼운 운동은 수명을 늘려 주지 않는다. (《미국의학협회저널》Journal of the American Medical Association 중에서)

정신적·육체적 체력과 에너지를 최고로 유지하기 위해 무엇을 먹어야 하는지는 매우 중요한 주제다. 영양과 정신력 향상에 특별한 관심을 갖고 있는 영국 자문의 앤드루 스트리그너 박사에게 이 주제에 대한 조언을 구했고 다음은 이 책만을 위해 그가 이야기해 준 것이다.

"저는 항상 영양에 관심을 갖고 있었습니다. 안타깝게도 의학 교육을 시작하고는 영양학이 의대 커리큘럼의 일부가 아니라는 것을 알게 됐습니다. 그 결과 제가 환자보다 아는 것이 많지 않다고 느꼈죠. 하지만 자신의 한계를 알게 되면 의지를 굳힐 수 있습니다. 이렇게 검색을 계속하던 중 운 좋게도 '맥캐리슨 소사이어티'McCarrison Society를 알게 되었습니다. 이 학회는 여러 의사와 과학자, 수의사가 설립한 곳으로, 영양과 건강의 관계를 연구하고 관련 지식을 널리 알리는 조직입니다.

이후 전 세계에 관련 연구자들이 많다는 사실을 발견했습니다. 실제 존재하는 지식의 양은 매우 많지만 연구자들만 알고 있거나 (일부 연구자는 분야 내 다른 연구자들의 존재를 모르는 것처럼 보였습니다) 발표되더라도 그 속도가 너무 느린 경향이 있다는 데 몹시 놀랐습니다. 흥미롭게도 이 중 많은 부분이 잡지 기사 등으로 대중 매체에 등장하고, 점점 더 많은 대중이 그 정보들을 읽고 있죠. 이는 다시 의료계에 대한 압력으로 작용해 의사들에게 해답을 찾게 합니다.

다행히도 옥스퍼드대학과 사우샘프턴대학을 비롯한 일부 의과대학에서는 커리큘럼에 영양학을 포함하고 있습니다. 영양학 연구는 임상의는 물론 역학자, 인류학자, 고인류학자, 해부학자, 생리학자, 생화학자 등 다른 분야의 전문가들의 기여 덕분에 더욱 흥미로워졌습니다."

임신 전후 영양이 중요한 이유

영양은 특히 늦은 나이에 아이를 가질 계획이 있는 사람들에게 중요하다. 배아에 유전 물질을 제공하는 것은 부모 두 사람 모두라는 것을 명심하라. 아버지가 될 사람의 건강은 어머니가 될 사람의 건강만큼이나 중요하다. 예를 들어 사람들은 오랫동안 산모의 나이가 많아 건강한 아이를 낳을 수 없기 때문에 다운증후군이 발생한다고 생각해왔다. 하지만 프랑스에서 보고된 연구에 따르면 많은 다운증후군 아기가 산모의 나이보다는 아버지 쪽 결함(영양 결핍의 가능성이 높다) 때문이라는 증거가 있다.

동물 육종가와 수의 과학자들은 임신 중 성숙한 어미의 영양 섭취가 중요하다는 것을 오래 전부터 알고 있었으며 이를 위해 상당한 노력을 기울여왔다. 반면 비교적 최근까지도 인간 측면에서는 그와 같은 관심을 기울이지 않았다. 지금은 신경관 결손(뇌와 척수의 적절한 발달 부족)이 식단에서의 결핍 때문에 발생할 수 있다는 것으로 인식되고 있다. 영국에서는 비타민 B군 중 하나인 엽산 부족이 원인인 경우가 많으며, 더블린에서의 연구는 비타민 B-12의 결핍이 원인임을 보여주고 있다. 다른 연구들은 일부 극동 국가에서는 심각한 아연 결핍이 비슷한 결함을 일으킬 수 있다는 것을 보여준다.

아기의 두뇌 발달에 가장 중요한 식품은 모유다. 이를 명확하게 파악하기 위해 예를 살펴보자. 송아지는 태어날 때 몸무게가 80~100파운드(36~45킬로그램)다. 어미 젖을 빨면서 6개월이 지나면 몸무게는 500파운드(226킬로그램)에 가까워진다. 반면 7~8파운드(3~4킬로그램)로 태어난 인간의 아기는 생후 6개월 몸무게가 약 14파운드(6킬로그램)에 불과하다.

이런 차이는 소젖에 신체 형성을 위한 다량의 단백질과 성장을 위한 에너지를 제공하는 포화 지방이 상당량 함유되어 있기 때문에 나타난다. 반면 모유에는 단백질이 훨씬 적고, 포화 지방도 비교적 적으며, 대신 불포화 지방산은 다량 함유되어 있다. 이들 중 일부는 세레브로사이드cerebroside(당지질의 하나로, 포도당이나 갈락토스의 글리코사이드 형태이며 뇌 혹은 기타 신경 조직에서 발견된다― 옮긴이)라고 불리는 다른 물질과 함께 몸 전체의 뇌와 신경 조직을 구성하기 위해 특별히 고안된 것이다. 이런 물질이 필요한 것은 인간의 뇌는 출생 후 약 3년 동안 계속 성장하는 반면 젖소의 뇌는 거의 변하지 않기 때문이다.

간단히 말해 인간의 모유는 큰 두뇌를 만드는 반면 젖소의 모유는 큰 몸을 만든다.

당신이 알아야 할 영양 식단의 모든 것

다음 권장사항(일부는 일반적인 상식에 반한다)은 가장 최근의 식단 지식을 기반으로 한다. 모든 내용을 상세히 설명하려면 따로 책 한 권이 필요하기 때문에 어쩔 수 없이 간략히 설명했다. 더 건강히 오래 사는 삶을 위한 건전하고 즐거운 영양 계획에는 다음이 포함되어야 한다.

- **모든 종류의 살코기:** 특히 간과 신장 같은 내장을 포함한 모든 종류의 고기를 섭취한다. 이들은 단백질, 탄수화물, 수분, 미네랄, 일부 비타민 그리고 가장 중요하게는 오메가3 필수 지방산을 제공한다. 이런 영양소는 세포막과 호르몬 재생, 체내 미네랄 전달, 뇌와 신경의 적절한 기능을 위한 많은 신경 전달 물질의 형성에 필요하다.
- **모든 종류의 생선:** 청어, 고등어, 정어리, 참치, 연어와 같은 기름진 생선을 포함한다. 연어와 참치는 오메가3 필수 지방산의 공급원이기도 하다. 너무 많은 식이요법 지침들이 지나치게 엄격해 좌절감을 준다. 경직된 조언에 갇히지 말고 훈제 연어, 굴, 랍스터, 게, 새우로 얼마나 많은 즐거움을 누릴 수 있는지 생각해보라!
- **다양한 채소:** 잎, 줄기, 뿌리, 버섯, 브로콜리, 감자, 양배추, 시금치, 양상추, 콩, 양파, 마늘, 고추 등 일반적인 채소류를 섭취한다. 이들

은 모두 다양한 미네랄, 비타민, 섬유질 그리고 오메가6라고 부르는 또 다른 필수 지방산 그룹의 중요한 공급원이다.

- **과일과 베리:** 제철에 나는 과일과 베리를 적당량 섭취한다. 당분이 많은 과일이나 과일 음료는 소량만 섭취한다.

- **견과류와 씨앗류:** 호두, 피칸, 캐슈넛, 아몬드, 해바라기씨 등은 모두 단백질, 섬유질, 비타민, 미네랄 및 몸에 좋은 지방의 훌륭한 공급원이다.

- **계란:** 일주일에 2~3회 정도 가끔 섭취한다. 제한을 두는 것은 계란의 콜레스테롤 함량(건강한 사람에게는 미미한 수준) 때문이 아니라 너무 자주 섭취하면 일부 사람들은 알레르기 증상을 보일 수 있기 때문이다. 계란이 우리에게 매우 좋은 식품이란 것을 생각하면 유감스러운 일이다.

- **최소한의 포화 지방:** 버터, 유제품, 양고기, 소고기, 돼지고기와 같은 가축의 지방이 많은 고기를 섭취한다. 이런 식품을 완전히 제거할 수는 없다. 포화 지방에는 지용성 비타민이 있으며 식감과 풍미를 제공한다. 하지만 주된 가치는 농축된 에너지 공급원이라는 데 있다. 신체 활동이 많거나 매우 낮은 온도에서 생활하는 사람은 에너지 소모에 맞게 이런 연료를 공급해주어야 한다.

기억해야 할 것은 쿠키와 케이크와 같은 설탕과 가공식품은 제거해야 한다는 사실이다. 신체는 설탕(포도당)을 주연료로 사용하지만 섭취하는 음식을 통해 자체적으로 생산하고 적절한 수준을 유지하는 것을 선호한다. 식단에 설탕이 너무 많으면 이런 메커니즘에 혼란을 초래한다. 설탕은 심장병과 밀접한 관련이 있는 요인이다.

한편 곡물(흰 쌀밥, 시리얼, 빵 등)은 주의를 기울여 적당량 섭취해야 한다. 호밀 빵은 밀보다 부정적 영향이 덜하다. 또 우유와 유제품 역시 섭취에 유의해야 한다.

진화론적인 측면에서 볼 때 마지막 세 가지 품목은 우리 식단에 비교적 최근에 추가된 것들이다. 상당수의 사람이 우유와 밀 단백질에 대한 알레르기를 일으킬 수 있다는 확실한 증거가 있다. 특히 우리는 평소 칼슘 섭취를 위해 우유가 필요하다는 말을 들어왔다. 몸에 유익한 것이 무엇인지 잘 생각해보자. 어떤 동물도 어미를 떠난 후 우유를 먹지 않고, 이후 뼈와 치아가 발달하는 데 문제가 없다. 그런데 인간이 먹는 거의 모든 음식에는 칼슘이 들어 있다. 위에서 제시한 영양 식단 계획에서도 적정량 이상을 섭취할 수 있다.

적절한 영양 섭취와 정신력 사이에 존재하는 강력한 연관성을 강조하기 위해 이 책의 저자인 킨의 〈타임스〉Times 체스 칼럼에 독자 존 해리스가 보내온 편지를 인용해 소개한다.

저는 체스를 잘 두지는 못했습니다. 하지만 전쟁 중 말레이시아 사라 왁주 쿠칭에 소재한 포로수용소에서 체스를 많이 두면서 실력이 크게 늘었습니다. 바타비아에서 블루 퍼넬의 해사 감독관이었던 풀이라는 친구가 있었는데 실력이 아주 좋았습니다. 그는 세계 챔피언 알레킨과 동시 대국을 펼친 40명 중 한 명으로 유일하게 승리를 거둔 경력이 있었죠. 그는 저에게 따라야 할 몇 가지 기본 원칙을 가르쳐 주었습니다. 식량이 극단적으로 부족해서 정신력이 악화되는 징후를 처음 발견한 것은 체스를 통해서였습니다. 1944년 중반 무렵, 저는 더 이상 예전처럼 다음의 수를 멀리 그릴 수 없다는 것을 알게 되었고 상황은 점점 심해졌습니다. 다행히도 신체만 회복되면 정신 능력은 전부는 아니더라도 거의 대부분 회복되었습니다.

불사조 같은 정신의 소생 능력을 보여주는 낙관적인 에피소드였다.

유산소 운동은 반드시 하자

유산소 운동은 공기를 흡입하고 산소를 몸 전체로 운반하는 효율을 높인다. 깊은 호흡과 함께 팔, 다리를 반복적으로 올리는 동작이 모든 유산소 운동에 포함된다. 특히 효과를 극대화하려면 최소 일주일에 세 번, 20분 동안 해야 한다. 그러나 모든 운동과 마찬가지로 이는 몸의 상태가 좋은 사람에게만 적용된다. 조금이라도 건강 상태가 의심스럽거나 심장 질환의 병력이 있는 경우, 먼저 의사와 상담해야 한다.

운동은 최고의 치료법이다

잉글랜드 웨스트서식스주 헤일샴의 더 라군은 시에서 운영하는 보통의 레저 센터와 같은 모습이지만 좀 더 성지에 가까워 보인다. 영국 전역의 정부 관료, 의사, 학자들이 이곳을 방문하고 그 치유력에 감탄했다.

수년 전 지역보건의 데이비드 한라티David Hanraty가 이 센터에서 가장 아픈 환자들에게 운동을 처방하기 시작했다. 그리고 그 결과는 놀라웠다. 과체중, 고혈압, 당뇨가 있는 67세 환자가 처방 약을 끊을 수 있었고, 6개월 동안 운동을 한 후에는 당뇨 증상이 사라졌다. 모든 결과가 그처럼 극적인 것은 아니더라도 참여한 환자 모두가 증상의 상당한 개선을 느꼈다. 우울증, 관상동맥 질환, 직장암 등 질환과 관계없이 말이다.

그 이후 70명의 지역 일반의가 더 라군에서 운동 처방을 하기 시작했고 3,000명의 환자가 혜택을 받았다. 일례로 조지 크루는 심각한 사고로 하반신이 마비되었고, 그의 아내 필리스도 허리가 굽어 있었다. 당

시 70대였던 이 부부는 헤일샴의 이 센터에서 수영을 시작한 후 기분
이 좋아지고 더 쉽게 움직일 수 있게 되었다고 보고했다.

운동 처방은 금연을 시도하는 사람, 산후 우울증 환자, 만성 정신질환
자에게도 놀라운 효과를 냈다. 한라티 박사는 "저는 조현병 환자를 센
터에 보낸 적이 있습니다. 현재 그녀는 약을 훨씬 적게 복용하고 있으
며 상태를 더 잘 관리할 수 있게 되었습니다."라고 말한다. 어떻게 이
런 일이 생기는 것일까? 한라티 박사는 운동이 자존감을 높이고 면역
체계를 자극한다고 믿는다. (《옵저버》 중에서)

유산소 운동에는 빠르게 걷기, 조깅, 자전거 타기, 조정, 춤, 줄넘
기, 수영, 스쿼시, 테니스, 스케이트, 크로스 컨트리 스키, 천천히 장
거리 달리기, 웨이트를 이용한 서킷 트레이닝 등 다양한 유형이 있
다. 이 중에는 춤, 조깅, 수영 등 사교적인 요소가 포함된 것들도 있
다. 운동이라는 생각만으로도 반감이 생긴다면 반려견과 함께 활
기차게 산책을 하는 것은 어떨까? 집이나 체육관에서는 다양한 방
법으로 운동을 할 수 있다. 많은 운동기구 중에서 실내 조정 기구를
이용하는 것도 좋다. 조정은 전신 운동으로 심장, 폐, 순환계를 단
련하는 동시에 다리, 등, 어깨, 복부 근육을 탄탄하게 만들어준다.
또한 유연성을 향상하고 유지하는 데 관련된 다양한 동작이 포함
되어 있다. 특히 충격이 없는 운동이기 때문에 관절도 보호된다.

효과적인 운동 프로그램을 유지하는 데 중요한 것은 피드백이다. 현재는 다양한 피트니스 모니터링 기기(운동 기구에 내장된 형태나 웨어러블 형태)를 사용할 수 있다. 이들 기기를 통해 속도, 칼로리 소모량, 거리, 목표 수준, 시간, 심박수를 모니터링할 수 있다. 많은 성과 측정 모니터가 메모리 기능을 갖고 있으므로 운동을 마친 후 검토하는 데 사용할 수 있다.

당신이 반드시 기억해야 할 것이 있다. 식단을 바꾸고 개선하거나 유산소 운동을 처음 시도하는 경우라면 오래된 나쁜 습관을 새로운 좋은 습관으로 바꾸는 것에 대한 제4장에서 건넨 조언이 대단히 중요하다는 것을 유념해야 한다.

이제 다음 표를 보자. 이 표는 현명한 음주가 산업화된 세계에서 가장 많이 발생하고 널리 퍼져 있는 심장병의 해독제라는 견해를 옹호한다. 이 표는 유럽 전역에서 인구 10만 명당 심장병으로 발생한 사망자 수가 1인당 연간 와인 소비량에 비례해 감소하며, 그 한계는 연간 최대 15.5갤런(70리터)라는 것을 보여준다.

유산소 운동은 근력 운동과 함께!

대부분의 트레이너와 의사는 조깅이나 자전거 타기와 같은 심혈

▎와인 소비량은 심장 질환 발병률을 얼마나 감소시키는가

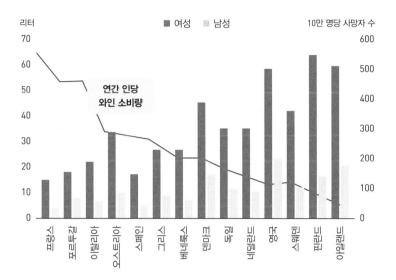

관동맥성 심장 질환에 따른 35~74세 사망자 수

관 운동과 웨이트 리프팅 같은 근력 운동을 번갈아 하는 것을 권한다. 그 이유는 심혈관 운동이 이화 작용catabolism 을 하는 반면 근력 운동은 동화 작용anabolism 을 하기 때문이다. 이화 작용은 단백질, 지방, 탄수화물을 분해해 에너지를 방출하는 것과 같이 큰 분자를 작은 분자로 분해하는 화학 반응을 말한다. 동화 작용은 아미노산과 같은 작은 분자로부터 단백질과 같은 큰 분자를 만드는 화학 반응을 말한다.

신체를 이루는 모든 세포는 건강과 기능을 유지하기 위해 에너지를 필요로 한다. 몸은 섭취한 음식으로부터 혹은 저장된 탄수화물, 지방, 단백질(탄수화물, 지방을 쉽게 구할 수 없을 때 근육과 같은 단백질)을 분해해 필요한 에너지를 얻는다. 근력 운동(동화 작용) 없이 유산소 운동(이화 작용)을 지나치게 많이 하면 신체에 저장된 에너지가 고갈돼 질병에 걸리기 쉬운 상태가 될 위험이 있다.

또한 적절하게 근력 운동을 할 경우 근육 섬유에 미세한 파열을 일으키면서 근육이 커지는데 이런 파열은 약 24시간에 걸쳐 치유된다. 근력 운동과 유산소 운동을 번갈아 하면 근육이 회복하는 데 필요한 24시간을 확보할 수 있다.

유산소 운동과 근력 운동을 번갈아 하는, 최근 인기를 얻고 있는 접근법 중 하나는 고강도 인터벌 트레이닝high-intensity interval training(이하 HIIT)이다. HIIT에서는 심박 측정기를 착용하고 고강도 운동과 가벼운 운동(또는 휴식)을 번갈아 가며 하는 것이 보통이다. 예를 들어 목표 심박수에 이를 때까지 줄넘기를 30초를 한 다음 플랭크 60초, 웨이트 리프팅, 편안한 속도로 걷기 등의 운동을 하는 것이다.

반려동물이 장수에 미치는 영향

멜버른 소재 베이커의학연구소Baker Medical Research Institute 의 워릭 앤더슨Warwick Anderson 은 반려동물이 정신적(그리고 신체적) 건강에 도움이 된다는, 현재로서는 가장 확실한 증거를 제시했다. 앤더슨 은 20세에서 60세 사이의 5,741명(이 중 784명이 반려동물을 키운다) 을 대상으로 무료 건강 위험도 평가를 제공했다. 그 결과 반려동물 을 키우는 사람들은 정신적 스트레스가 적고 콜레스테롤 수치가 현저히 낮으며 혈압도 낮은 것으로 드러났다. 또한 식단이 다르거 나 사회경제적 범주를 달리하는 집단들도 비슷한 결과를 보였다.

1985년 케임브리지대학에서 반려동물 연구 그룹Companion Animal Research Group 을 만든 제임스 서펠James Serpell 은 반려동물 여부에 따 른 두 집단 간의 차이가 인상적이며 "채식으로 전환하거나 운동 프 로그램을 시작한 사람들을 대상으로 한 비슷한 연구에서 나타난 개선 효과보다 더 강력하다."라고 강조했다.

이 새로운 연구는 가까운 친구가 있으면 수명이 길어진다는 기 대 수명 추정치의 기준과 결부된다. 사랑하는 반려동물과의 유대 도 이와 연관될 수 있다. 반려동물을 쓰다듬는 것은 스트레스와 혈 압을 낮추고 전반적인 행복감을 높이는 것으로 알려져 있다. 일부 노인 요양원에서는 고양이를 기르고 있고, 이들과 놀아주고 쓰다

듣어주는 입주자들의 경우 긴장이 완화되고 수면제 섭취가 줄어든다는 것이 밝혀졌다. 건강을 유지하고 스트레스 수준을 낮추며 장수하고 싶은가? 반려동물을 키우는 것이 해답이 될 수 있다.

천재 다빈치의 수면 공식

전해지는 이야기에 따르면 레오나르도 다빈치는 네 시간마다 15분씩 토막 잠을 잤다고 한다. 말하자면 하루 열여섯 시간 일하는 동안 총 한 시간을 잔 것이다.

보스턴 소재 일주기생리학연구소Institute of Circadian Physiology 연구원 클라우디오 스탬피Claudio Stampi에 따르면 이런 특이한 수면 스케줄에는 생물학적 타당성이 있다고 한다. 그는 대부분의 동물이 자연스럽게 이런 방식의 수면을 취한다고 말한다. 3주간의 연구 기간 동안 다빈치의 수면 공식을 따른 한 그래픽 아티스트는 이 방식이 너무 마음에 들어서 후속 실험에 자원했다.

그러나 현대 의학 연구에서는 충분한 수면은 기본이라고 말한다. 과도한 수면시간이 해롭다는 보고도 있다. 이는 아무래도 질병을 앓는 경우에 수면 시간이 비정상적으로 길어지기 때문일 가능성이 있다. 밤잠이 부족하다면 파워 냅power nap처럼, 낮의 쪽잠을 통해서라도 보충하라.

지금 실천해야 할 것들

- 식단을 개선한다. 규칙적으로 든든한 아침식사를 한다. 폭음(단시간 에 과도한 양의 알코올을 섭취하는 것)을 피한다.

- 수분을 충분히 섭취한다. 허브차를 적극 권장한다. 커피와 허브차 가 아닌 차도 괜찮지만 단 음료는 피하도록 한다. '이런 음료들 없이 는 견딜 수 없다'라고 느낀다면 조심해야 한다. 갈증과 땀은 섭취해 야 하는 수분의 양을 말해준다. 목이 마를 때 수분을 챙기고, 땀이 많이 날 때는 더 많이 마셔야 한다. 소변의 색깔을 기준으로 삼는다. 소변은 연한 노란색이어야 한다. 소변이 맑으면 수분 섭취가 필요 이상일 수 있다. 진한 노란색이나 주황색이면 더 많은 수분을 섭취 해야 할 것이다.

- 우유, 곡물, 파스타나 빵과 같은 밀가루 제품, 가공식품, 제철이 아닌 과일은 (진화론적으로) 인간의 식단에 새롭게 추가된 식품이다. 따라 서 종종 알레르기나 과민증을 유발할 수 있으므로 섭취에 주의를 기울여야 한다.

- 규칙적으로 운동한다. 일주일에 세 번 이상, 한 번에 최소 20분 이

상 한다.

- 힘이 많이 드는 운동을 새롭게 시작할 계획이거나 운동을 하고 싶지 만 신체의 어떤 영역에든 문제가 있을 경우 의사의 조언을 구한다.
- 공원, 공공장소, 시골에서 빠르게 걷기(반려견이 냄새를 맡느라 10초마다 속도를 늦추거나 멈추지 않는다면 함께 하는 것도 좋다), 조깅, 장거리 달리 기, 마라톤 훈련, 크로스 컨트리 스키, 조정, 자전거, 춤, 수영, 스케이 트 등을 고려한다.
- 테니스, 수영, 무술, 스케이트 클럽이나 체육관에 가입해 친구를 늘 리고 전반적인 사회 역학을 익힌다.
- 쓰다듬기는 사람과 반려동물 모두에게 좋다는 것을 기억하라.
- 짧은 낮잠을 즐긴다.
- 무엇을, 언제, 얼마나 먹는지와 몸과 마음이 어떻게 작용하는지 사 이의 연관성에 주의를 기울이고, 그에 따른 조절로 정신적·육체적 건강 상태를 최적화한다.

이제 생리적·심리적 '도관'이 모두 정렬되었다. 신체가 더 건강 해졌다면 이제 당신은 나이를 먹는 동안 생리적·심리적 건강의 맥 락에서 명확하고 유려한 사고를 개발하기 위해 구체적으로 노력할 준비가 된 것이다. 이를 위해서는 정신이라는 거대한 발전기를 켜 기 위한 올바른 공식을 찾아야 한다. 다음 장에서는 이를 가능하게 하는 비밀 무기, 즉 두뇌의 '스위스 군용 칼'Swiss Army Knife (다용도 칼을 가리킨다―옮긴이)로 알려진 도구를 소개한다.

제9장

마인드맵, 뇌의 능력을
키우는 무기

이 장은 부잔의 발명품인 '마인드맵'을 사용해 사고와 정신 프로세스의 편성을 개선하는 데 집중할 것이다. 이 방법은 특히 제3장에서 설명한 문제, 즉 40~50대 사이에서 개선이 필요한 정신 능력의 상위 20개 영역을 다룬다. 기억력, 집중력, 창의적 사고력이나 계획 세우기, 문제해결력, 우선순위 세우기 등 말이다.

 비즈니스, 일상생활, 프레젠테이션, 심지어 할 일 목록을 작성할 때에도 마인드매핑 기법을 도입해보자. 이를 통해 흔히 노화와 정신적 쇠퇴의 증상으로 오해하는 체계적이지 못한 사고에 대처할 수 있다.

두뇌의 잠재력을 깨우는 사고법

킨은 마인드매핑에 대한 생각을 이렇게 밝혔다.

"비즈니스, 교육, 서비스, 여러 산업을 비롯한 어떤 환경에서 일하든 마인드매핑이 대단히 유용하다는 것을 발견할 수 있다. 런던 소재 왕립연구소Royal Institution 의 초대로 체스 컴퓨터가 인간 세계 챔피언을 이길 수 있을지에 대한 강연을 하게 되었을 때 나는 정확하게 60분 동안 프레젠테이션을 진행해야 했다. 이때 마인드맵을 사용했다. 이는 나노 초 단위로 작동했고, 발표가 끝난 후 연구소의 학자들과 교수들이 연단 주위로 몰려들어 이 새로운 형태의 강의 노트에 경탄할 때 나는 큰 만족감을 느꼈다."

브레인 플래시 **대수의 세계를 바꾼 도해**

갈피를 못 잡게 하는 수많은 계산이 아닌 간단한 그림이 수학과 물리학 교육을 개선하는 열쇠가 될 수 있다. 아이작 뉴턴과 같은 위대한 과학자들에 대한 연구에서 그들이 물리학 법칙을 알아내기 위해 무수히 많은 스케치를 사용했다는 사실이 밝혀졌다. 오늘날의 학생들은 수많은 대수 문제를 풀어야 한다. 그러나 많은 학생이 근본 개념에 대한 이해가 부족하고, 그 영향으로 천문학이나 공학 등 분야에서 열정이 없는 평범한 졸업생이 배출되는 것으로 생각된다.

연구자들은 컴퓨터 시스템에 과학 천재들의 그림책 접근법을 통합해 학생들에게 더 높은 성취를 달성하도록 동기를 부여하는 방법을 연구했다. 이 시스템은 움직이는 도해를 사용해 학생들에게 운동법칙과 운동량 및 에너지 보존 법칙에 대해 알려준다. 노팅엄 소재 경제사회연구위원회 산하 개발·교육·훈련 센터 소속 심리학자 피터 쳉Peter Cheng 박사는 이렇게 말했다. "이 시스템을 통해 기하학적 도형을 사용하는 도해를 그려보면서 문제에 대한 답을 찾을 수 있습니다. 도해는 대수가 활기를 띠도록 만듭니다." (《타임스》 중에서)

부잔은 그의 혁신적인 마인드매핑 개념의 기원을 다음과 같이 설명한다.

"열네 살 때 내 인생의 첫 번째 중요한 단계가 시작되었다. 지능, 읽기 속도, 기억력에 대한 수많은 테스트를 받았는데 그 결과를 절대 바꿀 수 없다는 말을 들은 것이다. 그 말에 화가 났을 뿐 아니라 이해하기가 어려웠다. 신체적 운동은 사람을 더 강하게 만드는데 왜 정신적 운동은 정신적 성과를 향상시키지 못할까?"

이후 부잔은 바로 이 문제에 대해 알아보기 시작했고, 적절한 기법만 있다면 결과가 반드시 향상되리란 것을 깨달았다. 이 단계에서 그는 교사와 강사들이 흔히 요구하는 종류의 필기 방식이 주제를 이해하는 데 효율적이지 못한 방법이라는 것도 깨달았다. 그런 방법들이 지루하고 무가치하다는 것을 발견했고, 필기를 많이 할수록 내용을 이해하지 못하게 되는 것 같았다.

스무 살이 되던 해, 브리티시컬럼비아대학에서 공부하던 부잔은 기억력과 필기 기법을 발전시키기 위한 진지한 연구를 시작했다. 이 연구는 두 방향으로 발전했다.

1. 기억의 본질을 연구했다. 이때 필연적으로 이미지와 연상이 포함됐다.
2. 뛰어난 천재들의 노트 방법도 연구했다. 이들은 예외 없이 모두 이미지나 그림, 화살표, 기타 연결 장치를 사용하는 반면 성과가 낮은 사람들은 선형적인 메모만 한다는 사실이 관찰됐다.

이런 연구의 결과가 마인드매핑이었다. 부잔은 더 많은 것을 발견할수록 흥분했다. 마치 투탕카멘의 무덤을 발견한 기분이었다. 우선 열쇠 구멍을 통해 들여다보니 환상적인 유물일지도 모를 모호한 형태가 보였다. 이후 조명이 거의 없는 방에 들어가서 그 안에 담긴 놀라운 잠재력을 목격했다. 마침내 그는 자신이 발견한 엄청난 보물에 빛을 비출 수 있었다.

부잔은 자신의 발견을 세상에 알리고 싶었고 지금도 여전히 그렇다. 그 첫 번째 소통의 작업이 그가 쓴《마인드맵 두뇌사용법》이라는 책과 10년간 매년 재방송된 '당신의 머리를 써라'Use Your Head 라는 BBC TV 프로그램 시리즈였다. 또한 15년 동안 전 세계를 여행하며 학계, 기업, 정부 기관을 대상으로 한 강연에서 이 아이디어를 알렸다. 그 후 반다 노스Vanda North 가 부잔 센터Buzan Center 를 설립했고 이곳에서 '방사사고'Radiant Thinking (중심 개념이나 대상으로부터 점점 생각을 확장해 나가는 방법을 말한다—옮긴이) 전문강사들이 이 교육 방법을 훈련받았다.

마인드맵은 강력한 그래픽 기법으로, 두뇌의 잠재력을 깨우는 보편적인 열쇠를 제공한다. 단어나 이미지, 숫자, 논리, 리듬, 색상, 공간 인식 등 모든 범위의 피질 기술cortical skill (다양한 입력 데이터를 처리하는 뇌의 기술이나 논리와 공간 인식에 대한 강점을 가리켜 토니 부잔이 명명한 개념—옮긴이)을 독특하고 강력한 단일 방식으로 활용한다. 이로써 두뇌라는 무한한 영역을 마음껏 돌아다닐 수 있다. 마인드맵은 향상된 학습 능력과 명료한 사고로 업무 성과를 높일 수 있는 삶의 모든 측면에 적용할 수 있다. 현재 5세부터 105세까지 전 세계 수백만 명의 사람이 두뇌를 더 효율적으로 사용하고자 할 때마다 마인드맵을 사용한다.

길을 알려주는 지도처럼 마인드맵도 다음과 같은 기능을 수행한다.

1. 넓은 주제 영역의 한눈에 보여준다.

2. 경로를 계획하고 선택하는 데 도움을 준다.

3. 어디로 가고 있는지, 어디를 지났는지 파악하게 한다.

4. 대량의 데이터를 수집하고 보관할 수 있다.

5. 창의적인 경로를 드러내 공상과 문제 해결을 장려한다.

6. 매우 효율적이다.

7. 보고, 읽고, 숙고하고, 기억하는 것이 즐거워진다.

나만의 마인드맵을 만드는 원칙

나만의 마인드맵을 만들기 전에 기본 원칙에 익숙해져야 한다.

1. 줄이 없는 빈 종이의 중앙에 세 가지 이상의 색을 사용해 원하는 주제의 이미지를 그린다.

2. 마인드맵 전체에 이미지, 기호, 코드, 차원을 사용한다.

3. 핵심 단어를 선택하고, 영어의 경우 대문자 또는 소문자를 사용해 적는다.

4. 각 단어나 이미지는 한 줄에 하나씩 있어야 한다.

5. 선은 중앙 이미지에서 시작해 연결해야 한다. 중앙의 선은 두껍고

유기적이며 물 흐르듯 이어지도록 하고, 바깥쪽으로 갈수록 얇게 그린다.

6. 선은 단어 또는 이미지와 같은 길이로 그린다.

7. 마인드맵 전체에 나만의 코드에 따라 색상을 사용한다.

8. 나만의 마인드맵 스타일을 개발한다.

9. 강조 표시를 사용하고 서로 다른 관련 주제 사이의 연관성을 보인다.

10. 번호순이나 가지를 둘러싸는 윤곽선을 사용해 마인드맵을 명확하게 유지한다.

마인드맵이 개인적이라는 것을 유념하라. 마인드맵의 목적은 당신의 이해력, 기억력, 창의력을 높이는 것이다. 나만의 마인드맵을 만들다보면 다른 사람이 아닌 바로 나에게 잘 맞는 기법과 스타일을 발견하게 될 것이다. 자신에게 가장 효과가 좋은 것을 사용하라.

마인드맵을 만드는 단계별 과정

다음은 마인드맵을 만드는 단계별 과정이다.

1. 커다란 흰색 종이를 가로로 놓거나 마인드맵 양식을 사용한다.

2. 펜촉이 가는 것부터 형광펜까지 다양한 색상과 종류의 펜을 준비한다.

3. 마인드맵을 그릴 주제, 문제, 대상을 선택한다. 이것이 중심 이미지의 기초가 된다.

4. 필요한 자료, 연구 결과, 추가 정보를 수집해 모든 사실을 쉽게 확인할 수 있도록 한다. 이제 종이 한가운데에 중심 이미지를 그리기 시작한다.

5. A4(가로세로 210×297밀리미터) 용지의 경우, 높이와 너비가 약 64밀리미터, A3(가로세로 297×420밀리미터)의 경우 약 102밀리미터 크기의 이미지를 그린다.

6. 시선을 끌고 잘 기억되도록 중심 이미지에 차원, 감정 표현을 나타내는 최소 세 가지의 색상을 사용한다.

7. 중심에 가장 가까운 가지(선)는 두껍게 그린다. 가지는 이미지에서 물결 모양(유기적인 느낌)로 뻗어 나온다. 해당 가지에 기본 질서가 되는 아이디어 Basic Ordering Idea (이하 BOI)나 각 가지에 대한 챕터 제목을 붙인다.

8. 적절한 BOI의 끝에서 더 가는 선이 뻗어 나와 뒷받침하는 자료로 연결된다.

9. 가능한 경우에는 이미지를 사용한다.

10. 이미지나 단어는 항상 같은 길이의 선으로 배치해야 한다.

11. 색상을 나만의 특별한 코드로 사용해 사람, 주제, 테마, 날짜를 표시하고 마인드맵을 더욱 매력적으로 만든다.

12. 모든 아이디어(또는 다른 사람들이 제공한 아이디어)를 포착한 후에는 두 번째 더 진전된 사고 단계로 편집이나 재구성, 꾸미기, 정교화, 명확화 과정을 밟는다.

지금 실천해야 할 것들

다음의 표에 정리된 마인드맵의 용도와 이점을 살펴보자.

▌마인드맵의 용도

용도	이점
1. 학습	작업량 감소로 공부, 복습, 시험에 대해 좋은 감정을 느낀다. 학습 능력에 자신감을 얻는다.
2. 개관	한 번에 전체적인 그림을 파악한다. 관계를 파악한다.
3. 집중	과제에 집중해 더 나은 결과를 얻는다.
4. 기억	쉽게 떠올린다. 마음의 눈으로 정보를 본다.
5. 체계	파티, 휴가, 프로젝트 등 계획하는 데 통찰력을 얻는다.
6. 발표	긴장하지 않고 명확하고 생동감 있는 발표를 할 수 있다. 최고의 모습을 보여줄 수 있다.

용도	이점
7. 소통	모든 형태의 소통을 명확하고 간결하게 할 수 있다.
8. 계획	처음부터 끝까지 모든 측면을 한 장의 종이 위에서 조정할 수 있다.
9. 회의	준비에서 안건 상정, 회의 진행, 회의록 작성에 이르는 작업을 빠르고 효율적으로 완료할 수 있다.
10. 교육	준비부터 프레젠테이션까지 일을 더 쉽게 만든다.
11. 사고	마인드맵은 과정의 어느 단계에서든 사고의 구체적인 기록이 된다.
12. 협상	모든 사안, 당사자의 입장, 대응 요소가 종이 한 장 위에 표시된다.
13.브레인블루밍 Brainblooming	브레인스토밍의 새로운 버전으로, 더 많은 아이디어를 생성하고 더 적절하게 평가할 수 있다. 아이디어가 많이 생성될수록 질이 떨어진다고 생각하는 사람들이 있다. 사실 그 반대다. 아이디어를 더 많이 생성하고 양이 많아질수록 질은 더 좋아진다. 이것은 창의성의 본질을 이해하는 데 중요한 교훈이다.
14. 강의	강의할 때는 마인드맵을 이용해 생생한 시각적 기억을 유지한다.

이런 마인드맵의 용도를 자세히 살펴보면 정신적 성과와 관련된 특정 문제를 명확하고 명쾌하게 해결하는 데 도움이 된다는 것을 알 수 있다. 실제로 마인드맵은 40~50대 이상의 경영자나 비즈니스 리더들이 정신적 성과에 대해 가장 우려하는 상위 20개 문제를 해결한다.

AGING AGELESSLY

E=mc^2
― 알베르트 아인슈타인

제10장

천재의 지능은
어떻게 나이를 초월하는가

궁극의 정신 능력 개발 도구의 사용법을 배웠다. 이제는 40세에서 90세 사이에 천재성을 발휘한 위대한 인물들의 사례를 살펴보기로 하자. 덧붙여 지능을 꽃피우기 위해 개발해야 할 자질을 보여주는 도전 과제들을 제시할 것이다.

뛰어난 천재성은 타고나는가?

정신 능력에 대한 최고의 칭찬은 천재로 인정받는 것이다. 지금부터 천재로 인정받는 데 핵심적 자질들을 이야기하겠다. 앞서 이야기한 괴테의 자질을 본보기로 삼는 훈련이 누구에게나 가능할까?

천재에 대한 정의는 위대한 인물들이 풍부하게 가지고 있는 많은 특징을 아우른다. 그중에는 정신력과 체력도 포함된다. 천재들은 신체적 장애가 있는 경우에도 자신의 비전과 목표를 달성할 수 있는 힘을 찾는다. 예를 들어 사람들은 케임브리지대학의 물리학자 스티븐 호킹이 50세 이상까지 생존할 수 없을 것으로 예측했다. 하지만 그는 76세까지 살았고, 말년에는 과학에 대한 깊은 통찰력과 발견에 있어서 뉴턴과 아인슈타인에 견줄 만한 결실을 계속 내놓았다.

> **브레인 플래시** ‹ **천재란 무엇인가?**
>
> '천재는 태어난다', '천재성은 신이 주신 선물이다' 등 천재성과 창의성에 대한 일반적인 이론들에는 근거가 없다. 알베르트 아인슈타인은 죽기 직전 이런 말을 남겼다. "나는 나 자신에게 특별한 재능이 없다는 것을 분명히 알고 있다. 호기심, 집착, 끈질긴 인내와 자기비판이 결합되어 내 아이디어를 이끌어냈다." 발명가 토머스 에디슨도 이런 뜻의 말을 했다. "신과 같은 천재성, 그런 것은 없다. 끈질기게 매달리는 것이 천재성이다."

천재성의 정의에는 진실에 대한 인식도 포함된다. 많은 사람이 잘못된 이론이나 아이디어를 좇느라 에너지를 낭비한다. 천재성은 과제에 대한 애정, 믿음, 비전, 열정, 헌신, 계획, 실수로부터 회복하는 능력, 주제에 대한 지식, 긍정적인 태도, 상상력, 용기, 에너지 등을 포괄한다. 이를 제6장에서 살펴본 두뇌 챔피언의 자질과 비교해보라.

1993년 세계 정신력 올림픽인 '메모리아드'Memoriad에서 보여준 도미닉 오브라이언의 모습은 매우 이례적인 정신적 성취의 사례다. 그의 수많은 위업 중에서 특히 두드러진 것은 2초에 하나씩 들려준 100개의 숫자를 두 차례에 걸쳐 완벽하게 기억한 일이었다. 처음 이 모습을 본 사람들은 큰 충격을 받았다. 그런 일은 거의 보기 힘들고 실제로 해냈다는 사실조차 받아들이기 쉽지 않다. 게리 카스파로프와 같은 뛰어난 체스 선수들의 경이로운 경기 운영을 본 적은 있지만 도미닉 오브라이언이 달성한 일도 그에 못지 않았다. 1991년 첫 번째 메모리아드에서 인상적인 결과를 낸 그는 이전에는 적혀 있는 200개의 숫자를 기억하던 것에서 이제 1,000개를 기억하고, 두 시간이 아닌 한 시간 동안 열다섯 벌의 카드를 기억하는 능력을 보이고 있다. 처음 이 사실을 알았을 때도 크게 경탄했지만 지금도 마찬가지다.

역사를 돌이켜보면 다양한 사람들의 많은 업적이 우리에게 깊은 인상을 남겼다. 다음은 그런 몇 가지 사례를 살펴보겠다.

나이를 핑계 대지 않은 천재들

63세에 로마의 성 베드로 대성당 돔 공사를 시작해 89세까지 완공에 헌신한 미켈란젤로의 업적은 깊은 감명을 준다. 이 일은 교황이 그에게 의뢰한 것이었다. 미켈란젤로는 너무 늙었다거나 너무 피곤하다고 투덜대지 않고 일을 해나갔고 역사에 남는 뛰어난 건축 작품을 만들었다.

우리에게 익숙히 알려진 탐험가 크리스토퍼 콜럼버스에 대해 잘 알려지지 않은 사실이 있다. 그가 해안선을 따르는 관행에서 벗어나는 위험을 감수한 근대 유럽 최초의 항해사였다는 점이다. 이전의 탐험가들은 돌아오는 길을 잃거나 지구의 가장자리에서 떨어질 수도 있는 일을 두려워했다. 유럽에서 대서양을 건너 이전에는 알려지지 않은 신대륙을 찾아간 사람은 아무도 없었다. 유일한 선례로 볼 수 있는 것은 폴리네시아의 뱃사람들의 항해다. 하지만 이들은 해안과 직각으로 바다로 진출하기보다는 섬과 섬 사이를 오가는 경향을 보여주었다. 콜럼버스는 무역풍이 양방향으로 작용한다는 통찰력을 갖고 있었기 때문에 기지로 돌아갈 수단이 있다는 확신을 가졌다. 그가 세계 최초의 대서양 횡단 항해를 떠났을 때 나이는 44세였다.

15세기 보헤미아의 장군 얀 지슈카Jan Žižka 는 1415년 영국군과 프랑스군 사이에서 일어난 유명한 아쟁쿠르 전투에 참전했다. 그는 이후 전장에서 한쪽 눈을 잃었는데 이전의 작전에서 이미 한쪽 눈을 잃은 상태였기 때문에 이제 전혀 앞을 보지 못하게 되었다. 그럼에도 그는 51세의 나이에 신성로마제국을 상대로 치른 열두 번의 큰 전투에서 엄청난 역경을 이겨내고 승리를 거뒀다. 훈련받지 않은 농민들로 구성된 그의 군대는 대개 상대 군인보다 10대 1 정도 수준의 열세였음에도 불구하고 매번 승리를 거뒀다. 그는 엄청난 에너지를 가지고 있었고 그의 전진을 멈춘 것은 전염병으로 마주한 죽음뿐이었다. 1900년까지만 해도 유럽인의 평균 수명이 50세에 불과했다는 것을 고려하면 그의 업적은 더 대단하게 느껴진다.

베르너 하이젠베르크Werner Heisenberg는 불확정성 원리uncertainty principle를 발견한 물리학자다. 간단히 이야기하면 원자 입자의 위치에 대한 지식이 향상될수록 그 운동량에 대한 지식은 그에 상응해 감소하기 때문에 원자 입자의 위치를 정확히 파악할 수 없다는 이론이다. 그는 이것이 실험 장치나 수학의 약점이 아니라 자연의 근본적인 법칙이라는 것을 깨달았다.

이것만으로도 충분히 뛰어난 업적이었지만 하이젠베르크는 제2차 세계대전 중 핵무기 개발에도 중요한 역할을 했다. 40세의 그는 핵물리학 분야에서 독일 최고의 전문가였지만 정부는 그의 연구를 무시했다. 하지만 그가 원자폭탄을 만드는 데 도움이 될 수 있다는 것을 깨닫자 그들은 태도를 바꿨다. 하이젠베르크는 이 프로젝트가 완벽하게 실현 가능하다는 것을 알고 있었지만 온갖 기술적·현실적 어려움을 이유로 시간을 끌며 당국을 설득했다. 그의 정교한 속임수는 약 4년 동안 계속되었다. 그가 당국을 속이는 데 성공하지 못했다면 제2차 세계대전의 결과는 크게 달라졌을 수도 있다.

언어 능력이나 수학적 능력과 같은 천재성에 대한 숨길 수 없는 단일한(또는 단순한) 지적 징후는 없다. 하지만 위의 모든 사례는 천재들이 자신의 비전을 달성하기 위해 엄청난 끈기로 노력하는 모습을 보여준다. 이들은 모두 자신의 목표에 고도로 집중해 다른 모든 요소를 부차적인 것으로 돌렸다. 동기는 천재성의 정의에서 핵심적인 요소다.

브레인 플래시 **아인슈타인, 처칠이 예술을 즐긴 이유**

알베르트 아인슈타인과 윈스턴 처칠은 일상과는 그리 관련이 없어 보이는 형태의 예술을 생활화하여 시냅스를 크게 증가시킨 것으로 보인다. 아인슈타인은 바이올린을 연주했고, 처칠은 풍경화를 그렸다. (《라이프》 중에서)

반복해서 나타나는 또 다른 경향은 천재들은 세상 모든 일을 일종의 거대한 IQ 테스트로 간주하고, 자신에게 주어진 도전을 기꺼이 받아들인다는 것이다.

정신 능력을 향상하는 힘은 '동기'다

자, 당신이 하고 싶은 것이 무엇인지 그 일이 자신에게 얼마나 중요한지 결정하라. 이후 그 일을 끝까지 헤쳐나갈 충분한 동기가 있는지 판단하라. 이런 정보는 다른 사람으로부터 얻을 수 없다. 오직 스스로 판단해야 한다.

흔히 스스로에게 정말 중요한 것이 무엇인지 잘 모를 때가 많다. 그래서 목록을 작성하는 것이 좋다. 더 좋은 방법은 우선순위를 다채로운 색상의 마인드맵으로 만드는 것이다. 관심이 있는 모든 것을 마인드맵에 표시한 다음 자기 자신에게 얼마나 중요한지에 따라 등급을 매겨보자.

예를 들어 수입을 늘리고 싶다고 결정하고 새로운 직업을 찾거나 지금 하고 있는 일에서 더 많은 보상을 얻는 데 집중할 수 있다. 또는 여가를 더 즐기는 일이 가장 중요하다고 판단한다면 새로운 언어를 배우거나 외국 문화를 탐험해 정신적 자극의 부산물을 얻을 수도 있다. 물론 하고 싶은 일의 가능성은 무궁무진하며 사람마다 다를 것이다. 어쨌든 핵심 요소는 동기 부여다. 원하는 일을 할 만큼 충분히 동기가 부여가 되어 있다면 다른 모든 것은 적절한 자리를 찾을 것이다. 동기가 부여되지 않은 사람은 집중력이 떨어지고 에너지를 효과적으로 집중할 수 없다.

천재들의 교훈: 자기 도전

성공적인 성취는 아무 근거도 없이 실현되지 않는다. 계획과 엄청난 노력이 필요하다. 주변 동료에 대한 감탄과 그들을 따라 하고 싶은 욕구도 또 다른 중요한 요소다. 많은 예술가의 경력은 다음과 같은 논리의 흐름을 따라 만들어진다. '나는 훌륭한 예술가가 되고 싶다. X와 Y는 내가 감탄하는 훌륭한 작품을 만든 사람들이다. 따라서 나는 X와 Y의 삶을 연구하고 그들을 모방하려고 노력할 것이다.' 니콜로 마키아벨리Niccolò Machiavelli는 저서 《군주론》에서 모방의 중요성에 대해 이야기한다. 영감을 얻으면 롤모델을 모방하고 이후 그들을 뛰어넘는다. 영감을 얻지 못하면 아무것도 이룰 수 없다. 천재성의 적은 '냉소주의'다.

다음은 나이가 들면서도 삶을 향상할 수 있는 정신적·육체적 자기 도전 과제다.

- 마인드매핑

- 학습과 공부(예: 역사, 철학)

- 암기

- 속독

- 창의적 사고

- 지능(IQ)

- 수학, 과학, 천문학

- 예술(예: 음악, 춤, 그림)

- 신체적 기술과 스포츠

- 어휘와 언어

- 발표와 의사소통

- 성격발달Personality development

- 게임과 마인드 스포츠(예: 체스, 체커, 브리지, 바둑, 스크래블scrabble (십자

   말풀이에서 힌트를 얻어 만들어진 단어 만들기 게임 —옮긴이))

- 무술(예: 합기도, 유도, 태권도)

- 여행(혹은 탐험, 등산)

이 항목들을 검토한 후에 특히 관심 있는 새로운 기술을 중심으

로 우선순위를 정한다. 그리고 실천하기로 결정한 순서대로 나열한다.

1. _____

2. _____

3. _____

4. _____

5. _____

더 좋은 방법은 마인드맵을 만드는 것이다.

모두 작성한 후 수년에 걸쳐 스스로 변화와 개선 사항을 추적, 관찰한다. 점점 발전하는 자신을 관찰하라! 많은 활동에는 자신의 성과를 객관적으로 측정하는 데 도움이 되는 공식적인 평가 레벨이나 자격증이 있다. 예를 들어 체스 연맹은 정기적으로 공인된 랭킹 리스트를 발표하며, 체계화된 무술에는 벨트와 단 시스템이 있고, 기억력 관련 타이틀이나 등급 시스템도 있다. 마인드매핑, 기억력, 마인드 스포츠, 무술 등 관련 단체나 학회, 협회가 궁금하다면 토니 부잔의 국제 두뇌 클럽 홈페이지(TonyBuzan.com)를 방문하길 바란다.

가능성은 언제나 존재한다

당신의 지식이 확장되고 지구와 우주에 대해 더 많이 알게 되면 당신 삶에 있는 기회도 확장된다. 이제 당신은 인간의 잠재력이 사실상 무한하며 지식이 늘어남에 따라 이를 흡수할 수 있는 능력도 늘어난다는 것을 안다. 따라서 특정 분야에서 빛을 발할 수 있는 가능성뿐 아니라 심지어 레오나르도나 미켈란젤로, 괴테와 같이 다양한 학문의 대가도 될 수 있다.

부정적인 것을 긍정적으로 바꾸는 역량은 천재성의 또 다른 지표다. 이는 단순히 역경과 끝까지 싸우는 일이 아니라 가장 끔찍하게 보이는 상황에서도 긍정적인 부분을 찾으려는 의식적인 결정을 의미한다. 아르헨티나 작가 호르헤 루이스 보르헤스Jorge Luis Borges는 50대 중반에 실명했지만 이후 고대 영어를 배웠고 이 지식은 그의 삶의 질을 크게 높였다. 게다가 앞에서 이미 많은 영감을 주는 호킹과 지슈카의 사례도 살펴보았다.

부정적인 상황에서 긍정적인 자세를 갖는 것은 되풀이해서 나타나는 주제다. 역사 속 수많은 천재가 가장 끔찍한 재앙을 겪었지만 그것을 부정적으로 바라보기를 거부한 위대한 생존자들이다.

좀 더 가벼운 이야기로 〈스타트렉〉을 언급하며 마무리하겠다. 시리즈 내내 여러 에피소드에서 엔터프라이즈호와 승무원들은 끔찍한 상황에 처한다. 유일한 해법은 문제에서 빠져나올 방법을 생각하는 것이다. 한 에피소드에서 치명적인 방사선을 맞은 스팍의 말처럼 '가능성은 언제나 존재한다'.

지금 실천해야 할 것들

- 특별히 관심이 가는 천재(여러 명이어도 좋다)를 고른다. 다재다능한 레오나르도 다빈치, 청각을 잃는 와중에도 결단력과 영웅심을 보여준 베토벤, 용기와 신념의 콜럼버스 등이 될 수 있다.
- 선택한 천재(들)의 자질을 마인드맵에 그린다.
- 마인드맵에서 얻은 교훈을 자신의 삶에 적용한다.
- 자기 도전 과제 목록(227쪽 참고)에서 하나 이상의 기술을 골라 해당 분야의 전문가가 될 것을 스스로 약속한다. 그 실천 방법을 마인드맵으로 만드는 일부터 시작한다.

AGING AGELESSLY

간단한 니모닉 기억술을 완전히 익히면 일부 사람들은 처음으로 자신의
정신 작용을 통제하고 수정할 수 있다는 것을 깨닫는다.

— 한스 아이젠크

제11장

기억력은
저절로 약해지지 않는다

이 장에서는 지금까지 인류가 만들어낸 것 중에 가장 널리 퍼져 있으며 가장 파괴적인 오해를 다룰 것이다. 나이가 들면서 인간의 뇌가 퇴화해 뇌세포가 손실되고 기억력, 창의력, 수학·언어 능력이 급격히 저하된다는 오해 말이다.

앞서 실제로 그렇지 않다는 증거가 늘어나고 있다고 이야기했다. 이제 이 터무니없는 생각의 관에 마지막 못을 치려 한다. 기억력 쇠퇴는 아마도 모두가 불평하는 가장 큰 정신적 문제일 것이다. 하지만 나이에 따른 기억력 쇠퇴는 필연적인 일도, 불가피한 일도 아니다.

여기서는 간단한 기억 기술(지나치게 기술적인 것은 아니다)을 습득하고 배우는 방법과 영감을 주는 사례를 보여줄 것이다.

뇌세포 손실로 기억력이 쇠퇴한다?

기억은 유쾌하거나 불쾌한 일상 데이터의 수동적 기록이 아니다. 정신적으로 앞서가는 데 사용할 수 있는 능동적이고 집중된 마음의 '레이저 빔'과 같다. 기억력을 훈련하면(특히 마인드매핑이 이 측면에서 역동적인 영향력을 발휘한다는 사실을 관찰했다) 데이터를 즉시 이용해서 새로운 지식의 영역을 정복하고, 조직을 더 효율적으로 운영하고, 더 효과적인 프레젠테이션을 할 수 있다. 결단력과 창의력이 향상되는 것이다. 이 장에서는 기억력 기법이 발전해 온 역사에서 중요한 순간을 살피고, 기억과 관련해서 당신의 성취를 자극할 만한 몇 가지 업적을 소개한다.

먼저 기억력은 우리가 계속해서 사용하고 또 위축되도록 놓아두지 않는 한 나이에 따른 큰 변화가 없다는 것을 보여주는 확실한 과학적 증거를 검토해보자.

나이와 관련된 기억력 쇠퇴는 오로지 노화 과정에서 일어나는 실제 현상이라기보다는 사람들이 노인을 바라보는 시각, 노인이 스스로를 바라보는 시각, 실험실에서 노인을 대상으로 연구하는 방법이 반영된 것일 수 있다. 연구 결과는 노인들의 저조한 기억 수행을 드러내곤 한다. 하지만 이런 결과들이 틀렸음을 보여주는 두 가지 요소가 있다. 바로 '관심의 수준'과 '수행 시간의 제한'이다.

미국 신경과학자 리처드 레스탁Richard Restak 은 저서《더 마인드》The Mind 에서 노화에 관한 챕터의 많은 부분을 할애해 노인의 처리 속도가 감소한다는 것을 강조했다. 그러나 종종 간과되거나 과소평가되는 경감 요소들이 있다고 지적한다. 대개 실험에서는 노인 피험자에게 정보를 부호화encode (정보를 기억에 저장될 수 있는 형태로 변환하는 것―옮긴이)하고 기억할 수 있는 충분한 시간이 주어지지 않는 경우가 많다. 레스탁은 노인 피험자가 필요로 하는 만큼의 시간이 주어지면 그들도 기억력 측면에서 젊은 피험자와 비슷한 수준의 성과를 내는 경우가 많다고 주장한다.

그리고 대니얼 월시Daniel Walsh (1950년《볼티모어 면역학 저널》Journal of Immunology Baltimore에 실린 〈상주 기억 CD8$^+$ T 세포 설정에서 CD69의 기능적 요구 사항은 조직 위치에 따라 다르다〉The functional requirement for CD69 in establishment of resident memory CD8$^+$ T cells varies with tissue location의 공저자다) 는 관심 수준이 기억 수행에 영향을 미칠 수 있다고 지적했다. 그는 아이린 훌리카Irene Hulicka 의 연구를 언급한다. 이 연구에서 훌리카는 참가자들에게 실제 단어와 의미 없는 문자를 연관시키도록 가르치려는 시도를 했다. 그녀는 많은 노인 피험자가 좋은 성적을 내지 못한 것이 의미 없는 단어를 배우기를 거부하고 그 과제가 노력할 가치가 없다고 느꼈기 때문임을 발견했다. 그래서 이 과제를 실제 이름의 성姓과 짝을 이루는 직업 이름의 연결(서양권에서는 직업명을 이름의 성으로 쓰는 경우가 종종 있다. 예를 들어 '스미스'Smith는 '대장장이'를 뜻하고 이 직업에서 유래된 성이다―옮긴이)로 바꾸자 노인들의 성적은 향상되었다. 윌시는 실험실 연구는 의미가 없다고 인식되어 노인 피험자의 수행에 부정적인 영향을 미칠 수 있는 반면 과제를 의미 있게 만들면 수행에 긍정적인 영향을 줄 수 있다고 목소리를 높였다.

브레인 플래시 ◀ **배우는 능력보다 의지가 문제**

개는 나이가 들어도 새로운 것을 배우는 데 어려움을 겪는 경우가 거의 없다. 노력할 만한 가치가 있다고 스스로 설득하는 데 어려움을 겪는 경우가 더 많다. (미국 심리학자 워너 샤이Warner Schaie, 제임스 가이비츠 James Geiwitz)

한 가지 중요한 관심 분야는 정상적인 노화에 따른 신경세포 손실이다. 나이가 들면서 얼마나 많은 뇌세포가 손실되는지, 어떤 영역이 영향을 받는지에 대한 결정적인 증거는 존재하지 않는다. 그러나 신경세포 손실에 대한 관심은 오도된 것일 수 있다. 레스탁은 특히 이 문제와 관련된 몇 가지 중요한 이론적 문제를 제기한다. 그

는 건강한 20세 남성과 건강한 70세 남성을 대상으로 각각 뇌 혈류량과 산소 소비량을 비교한 연구에 대해 전한다. 상당한 신경세포 손실이 있을 경우, 혈류량과 산소 소비량 역시 감소해야 한다. 실제 연구의 결과는 두 집단 사이에 이 측정치의 차이가 없다는 것을 보여주었다.

또한 레스탁은 노화 과정에 수반되는 신경세포 손실이 있다 해도 뇌의 중복성redundancy 과 가소성plasticity 으로 손실이 상쇄될 것이라고 지적한다. 중복성이란 뇌에 필요보다 훨씬 많은 수의 뉴런이 존재한다는 것을 의미한다. 뉴런들이 죽어도 눈에 띄는 행동의 변화가 없을 정도로 말이다. 예를 들어 뇌의 한 영역이 손상되어도 우리의 행동에 변화가 거의 또는 전혀 나타나지 않을 수 있다. 가소성이란 뇌의 조직이 변할 수 있다는 사실을 말한다. 예를 들어 특정 기능을 책임지는 뇌 영역이 손상될 경우 뇌의 다른 영역이 손상된 영역의 기능을 인계받을 수 있다.

레스탁은 이런 식으로 정상적인 노화에 따른 신경세포 손실은 오히려 남은 세포의 기능 향상과 더 많은 연결로 이어질 수 있다는 사실을 관찰했다. 이는 뇌를 지속적으로 사용하면(즉 뇌 안에서 더 많은 연결을 만들면) 세포 사멸로 자연적으로 발생하는 손실을 상쇄할 수 있다는 것을 시사한다. '사용하지 않으면 사라진다'는 생각은 이 책 전체에서 강조하고 있는 메시지다.

뇌의 능력은 사용하지 않으면 사라진다

뇌의 사용이 뇌의 후속 발달에 미치는 영향을 보여주는 많은 문헌이 존재한다. 그중 상당히 재미있는 연구가 있다. 뇌 발달과 가소성 연구의 선구자인 일리노이대학 심리학자 윌리엄 그리너프William Greenough (이 인물은 레스탁의 책에서 인용되었다)는 쥐에게 특정 발로 초콜릿 칩 쿠키를 잡는 훈련을 시켰다. 나중에 이동 운동을 담당하는 뇌 영역을 검사한 결과, 훈련을 받지 않은 쥐의 뇌에 비해 시냅스 연결이 더 많은 것으로 드러났다.

환경이 인간의 발달에 대단히 중요한 역할을 한다는 연구 결과도 있다. 4,000명을 대상으로 20년간 연구를 진행한 워너 샤이는 사회생활을 활발하게 유지하고, 사회적 책임을 맡으며, 새로운 도전을 받아들이는 노인이 제한적인 삶을 사는 노인보다 더 나은 성과를 보인다는 사실을 발견했다. 또한 샤이는 공간, 숫자, 언어 능력이 관여하는 정신 운동을 제공하여 노인 지원자 집단의 절반 이상에서 수행 능력이 향상되도록 했다. 그는 거기서 더 나아가 니모닉 기억술의 사용을 통해 노인의 기억력을 향상시킬 수 있다고 말한다.

노인학자 엘리자베스 로버트슨츠차보Elizabeth Robertson-Tchabo, 캐럴 하우스먼Carol Hausman, 데이비드 아렌버그David Arenberg가 수행한 노인의 니모닉에 관한 연구에서는 첫 번째 단계에서 노인 피험자들에게 암기해야 할 단어 목록을 제공했다. 예상대로 초기 기억력은 낮은 수준이었다. 이후 피험자들에게 목록을 학습하는 동안 특정 니모닉 기억술을 사용하는 방법을 보여주었다. 이 기법의 사용으로 목록에 대한 기억력이 크게 향상되었다. 그러나 며칠 후 목록을 학습하고 기억해야 했을 때는 다시 수행 성적이 떨어졌다. 피험자들은 목록을 기억하는 데 도움이 되는 니모닉 기억술을 '자발적으로' 사용하지 않은 것으로 나타났다.

실험의 두 번째 단계에서는 노인 피험자를 세 집단으로 나누고, 모든 피험자에게 니모닉 기억술을 숙련하고 훈련 시간 동안 목록을 학습할 때 그 방법을 적용하도록 했다. 이어지는 학습 시간 동안 세 그룹의 피험자 모두 단어 목록을 암기하고 기억해야 했다. 집단 A의 피험자들은 지난 며칠 동안 사용한 니모닉 기억술을 사용하라는 지시를 받았다. 집단 B의 피험자들은 니모닉의 연관성을 찾고 그 이미지를 구두로 설명하라는 지시를 받았다. 집단 C의 피험자들은 학습한 니모닉 기억술을 적용하라는 지시를 받지 않았다.

실험 결과는 집단 C의 피험자들이 집단 A와 B에 비해 기억하는 단어가 적다는 것을 보여주었다. 흥미롭게도 집단 A와 집단 B의 피험자 간에는 수행 능력에는 차이가 없었다. 이는 니모닉이 분명 기억에 유용한 보조 수단이지만 사람들이 니모닉을 개발하고 사용하는 방법을 배워야 한다는 것을 시사한다.

브레인 플래시 **기억력 그랜드 마스터의 탄생**

기억력 테스트는 마인드 스포츠 역사상 두 번째로 왕실로부터 '그랜드 마스터' 타이틀을 수여할 수 있는 자격을 얻었다. 그 영예를 처음으로 누린 마인드 스포츠는 체스로, 1914년 상트페테르부르크 대회에서 차르 니콜라스 2세가 다섯 명의 체스 대가들(에마누엘 라스커, 호세 라울 카파블랑카, 알레킨, 시그버트 타라시, 프랭크 제임스 마셜)에게 그랜드 마스터 타이틀을 수여했다.

1995년 10월 26일, 리히텐슈타인의 필립 왕자가 브레인 트러스트의 공식 행사에서 도미닉 오브라이언과 그의 라이벌 조너선 행콕에게 첫 번째 기억력 그랜드 마스터 타이틀을 수여했다. 그 이후 전 세계 여러 나라에서 다양한 연령대에 걸친 수십 명이 이 타이틀을 얻었다.

이번 대회를 위해 특별히 디자인된 메모리 심볼이 있다. 기억을 담당하는 뇌의 일부인 '해마', 체스와 함께 기억력이라는 마인드 스포츠를 전 세계의 다른 마인드 스포츠와 연결한다는 의미에서 '지구를 배경으로 그린 기사의 머리', 마지막으로 우주에서 수백만 년 전에 일어났지만 여전히 우리에게 보이는 사건의 이미지로 그 자체가 기억의 흔적인 '말머리 성운', 이렇게 세 가지 요소로 이루어져 있다.

이 정보는 나이가 든다고 기억력이 감소하지 않는다는 믿음에 힘을 실어준다. '사용하지 않으면 사라진다'는 말은 과학 문헌이 도달한 결론을 완벽하게 담고 있다. 정신 활동을 연습하고 확장함으로써 일생 동안 새로운 연결과 연상을 개발할 수 있다. 이 발견은 당신과 당신의 경력 또는 비즈니스와 깊이 관련되어 있다. 직장에서 고령자는 젊은 사람만큼 빠르게 일을 처리하지 못한다는 이유로 무능하다고 여겨지는 경우가 너무 많다. 하지만 고령자들은 젊은 직원보다 다양한 경험과 인맥을 가지고 있으며 기여할 수 있는 큰 잠재력을 지니고 있다. 고령자들을 향한 일반적인 인식에 도전하고, 그들이 계속 참여할 수 있도록 주변 사람들을 독려하며, 또 그들에게 추가적인 시간을 허용하는 것이 중요하다. 자신의 의미를 확인하고, 스스로의 가치를 인식하고, 의욕을 느낀다면 고령자도 얼마든지 '새로운 것을 배울 수 있다'는 사실을 명심하라.

기억의 핵심은 '이것'이다

영국 신경과학자 스티븐 로즈Steven Rose 교수는 수상 경력이 있는 논문을 책으로 펴낸 《기억 만들기》The Making of Memory 에서 기원전 477년경에 살았던 그리스 시인 시모니데스Simonides 가 기억 규칙을 발견한 이야기를 들려준다.

시모니데스의 이야기는 로마의 작가이자 정치가 키케로의《웅변가에 대하여》De oratore에 처음 등장한다. 시모니데스가 연회를 주최한 테살로니아인 귀족 스코파스Scopas에게 경의를 표하는 시를 낭송하라는 의뢰를 받은 이야기다. 이 시에는 쌍둥이 신 카스토르Castor와 폴룩스Pollux에 대한 찬미도 포함되었는데 이것이 스코파스를 대단히 불쾌하게 만들었다. 스코파스는 시모니데스에게 대금을 절반만 지불한 후 나머지 절반은 신들에게서 받으라고 말했다. 연회 후반에 시모니데스는 어느 두 사람이 자신을 만나기 위해 기다리고 있다는 메시지를 받았다. 그가 연회장을 나서자마자 지붕이 무너져 그곳에 있던 모든 사람이 죽고 시신은 신원을 알 수 없는 상태로 짓이겨졌다. 시모니데스를 불러 낸 두 젊은이는 당연히 카스토르와 폴룩스였다. 이 쌍둥이 신들이 스코파스에게 복수를 하고 시모니데스에게는 보답을 한 것이다.

이 이야기에서 가장 놀라운 부분은 시모니데스가 손님들이 연회 테이블에 앉아 있던 순서를 기억해 시체의 신원을 알아낼 수 있었다는 점이다. 이 경험으로 시모니데스는 기억의 원리를 파악하게 되었고, 이렇게 이 기억법의 발명자로 여겨진다. 그는 좋은 기억력의 근본은 기억해야 할 대상의 '질서 있는 배열'이라는 사실을 발견했다.

키케로는 이렇게 이야기한다.

"그(시모니데스)는 이 능력을 훈련하고자 하는 사람은 장소를 선택하고, 기억하려는 사물에 대한 정신적 이미지를 만든 뒤 그 이미지를 장소에 저장하여 장소의 순서가 사물의 순서를 반영하고, 사물의 이미지가 사물 자체를 나타내야 한다고 생각했다. 그런 다음 장소와 이미지를 각각 글자가 적혀 있는 서판처럼 사용한다."

젊은 아들을 재판에서 이긴 소포클레스

소포클레스(기원전 496~405년경)는 100편이 넘는 작품을 남긴 그리스 비극의 대표적 인물로, 그의 가장 위대한 걸작은《오이디푸스 왕》이다. 아리스토텔레스는 이 작품을 희곡 미학 이론의 기초로 삼았으며, 프로이트가 오이디푸스 콤플렉스의 이름과 작용을 따온 것도 바로 이 작품이다. 소포클레스는 뛰어난 시인이기도 해서 아테네에서 2년마다 열리는 가장 권위 있고 중요한 시 경연 대회인 디오니시아 대제전Great Dionysia에서 열여덟 번이나 1등을 차지했다.

소포클레스에 대해 잘 알려지지 않은 사실이 있다. 그가 다양한 분야에서 뛰어난 능력을 가진 엄청난 '폴리매스'polymath였다는 점이다. 문학적 업적 외에도 그는 아테네 정부의 유력자로 활약했고, 아테네 군대의 고위 장성을 맡기도 했다. 현대에서 비슷한 인물을 묘사하자면 전 미국 대통령 버락 오바마와 극작가 데이비드 마멧David Mamet, 미국 퇴역 장군 데이비드 퍼트레이어스David Petraeus를 합쳐 놓은 셈이다.

소포클레스는 대단히 오래 살았다. 90대가 되자 그의 아들은 소포클레스가 정신 능력이 없고 자신의 일을 관리할 수 없다는 선고를 받게 하려는 계획을 세웠다. 하지만 그는 그 생각을 받아들이지 않았다. 당시 소포클레스는 당연히 부유했고, 아들의 요구는 부와 권력, 사회적 영향력의 상당 부분을 인계하는 결과를 가져올 터였다. 상황이 원만히 해결되지 않자 그의 아들은 아버지를 법정으로 데려갔다. 목표는 아버지의 정신 능력이 쇠퇴된 것을 공개적으로 증명하고 아버지의 통제권을 빼앗기 위함이었다.

재판이 시작되자 소포클레스는 자신을 변호하며 재판장에게 이렇게 말했다. "내가 방금 완성한 비극 대본이 여기 있소. 내 정신적 기능이 의심스럽다면 그 대본은 치우시오. 내가 전체를 낭독하겠소." 그의 요청이 승인되었고, 소포클레스가 단 한 번의 실수도 없이 제2막을 외는 데 이르자 소송은 기각되었다.

기억 극장을 적극 이용하세요

1985년 제임스 버크James Burke 가 펴낸《우주가 바뀐 날》The Day the
Universe Changed 은 지능과 기억력의 개발에 관한 유쾌한 책이다. 삽화
가 풍부한 이 책은 지능이 탄생한 시대를 즐겁게 여행하도록 해준
다. 이 책에서 발췌한, 현대에도 여전히 유효한 중세 기억법에 대한
간결하고 재미있는 에세이를 요약해 들려주겠다.

글을 아는 사람이 거의 없던 중세의 세상에서는 좋은 기억력이
필수였다. 그래서 유용한 기억 보조수단aide-mémoire 인 운문이 일반적
인 문학 형식이었다. 14세기까지만 해도 법률 문서를 제외한 거의
모든 문서가 운문으로 작성되었다. 프랑스 상인들은 137개의 '2행
연구'couplet로 이루어진 시에 상업용 산술의 모든 규칙을 담아 이용
했다.

자료 작성에 드는 비용을 고려할 때 훈련된 기억력은 상인만큼
이나 학자에게도 필수적이었다. 중세 전문가들은 일상적인 기억
보다 더 구체적인 작업을 위해 그리스·로마 시대에 만들어진 학습
보조 자료를 사용했다. 그들이 이용한 교과서는《헤레니우스에 헌
정하는 수사학》The Rhetorica ad Herennium (기원전 86~82년경 로마의 익명
의 수사학 교사가 썼고, 헌정자인 헤레니우스의 이름을 따서 칭한다)이라
는 중세 시대에 사용된 주요한 니모닉 참고서였다.

이 책은 '기억 극장'을 사용해 방대한 양의 자료를 기억하는 기술을 제공했다. 기억해야 할 자료는 익숙한 장소로 생각해야 하며, 이때 장소는 건물의 형태를 취한다. 건물이 너무 크면 기억의 정확도가 떨어지고, 너무 작으면 기억해야 할 것의 개별적인 부분이 서로 너무 가까워 따로 떠올릴 수 없다. 또 장소가 너무 밝으면 기억이 보이지 않고, 너무 어두우면 기억해야 할 자료가 모호해진다.

자료의 각 주요 부분을 다른 부분과 격리하기 위해 장소의 개별적인 부분 각각이 약 3피트(약 91.4센티미터) 정도 떨어져 있는 것으로 생각해야 한다. 이런 식으로 기억 극장이 준비되면 암기자는 마음속으로 건물 전체를 돌아다닌다. 노선은 논리적이고 습관적인 성격을 갖도록 정해서 쉽고 자연스럽게 떠올릴 수 있어야 한다. 이렇게 기억 극장은 암기할 자료로 채워질 준비를 갖춘다.

이 자료는 기억해야 할 여러 요소를 심적 이미지의 형태로 취했다. 《헤레니우스에 헌정하는 수사학》은 강렬하거나 크게 과장된 이미지가 가장 좋다고 조언했다. 이미지는 재미있거나, 화려하거나, 장식적이거나, 특이하거나, 터무니없는 것이 바람직하다. 예를 들어 카드에서 '클로버'club 퀸을 기억하려면 엘리자베스 1세 여왕이 '골프채'golf club를 휘두르는 모습을 상상하는 것이다.

이런 이미지들은 기억의 '동인' 역할을 하며 각 이미지는 자료의 여러 구성 요소를 떠올리게 하는 도화선이 된다. 법적 논쟁을 기억해야 하는 경우라면 극적인 장면이 적절하다. 기억 극장을 걷는 여정의 적절한 지점에서 그 장면이 촉발되고 재생되어 암기자에게 기억해야 할 요점을 상기시킨다. 저장된 이미지들은 개별 단어 혹은 일련의 단어, 논거 전체와 결부될 수도 있다. 의성어는 이런 측면에서 특히 유용하다.

중세의 위대한 신학자 토마스 아퀴나스는 종교 문제를 기억하는 데 연극적 이미지의 사용을 권장했다. 그는 "모든 지식은 감각에 기원을 두고 있다."라고 말하며 진리는 시각적 도구를 통해 접근할 수 있다고 주장했다.

교회에 회화와 조각이 등장하기 시작하면서 기억을 위한 동일한 기법이 적용되었다. 교회에 자리한 이미지들은 기억을 위한 동인의 형태를 띠었다. 1306년 이탈리아 화가 지오토 디본도네Giotto di Bondone가 파도바의 스크로베니 예배당 내부에 그린 그림에는 일련의 이미지들이 기억 극장으로 구성되어 있다. 그림에 담긴 성경 이야기 각각은 별도의 공간에 있는 인물(들)을 매개로 전달되며, 그얼마 전 개발된 원근법이라는 예술적 착각을 사용해 더욱 기억에 남도록 만들어졌다. 이 성당은 일종의 구원에 이르는 니모닉 경로다. 스크로베니 예배당은 예배를 보는 사람들이 천국과 지옥의 세부 사항을 기억하도록 만들어진 거대한 기억 극장인 것이다.

기억 극장은 기원전 80년과 마찬가지로 지금도 유효한 기법이며, 기억력을 향상시키는 데 마인드매핑과 함께 사용하면 좋다. 마인드맵은 기억을 돕기 위해 개념과 관련된 사물을 다채롭고 자극적으로 병치하는 데 적합한 무대를 마련한다.

악보를 보지 않는 지휘자의 비밀

이탈리아 지휘자 아르투로 토스카니니Arturo Toscanini(1867~1957년)는 비슷한 시스템을 사용하며 커리어 내내 그 시스템의 저력을 입증한 한 사람이다. 그는 역사상 가장 위대한 오케스트라 지휘자로 널리 알려져 있다. 60여 년 동안 그는 독특하고 개성 있는 방식으로 세계 유수의 오케스트라를 지휘했다.

토스카니니가 지휘를 시작하게 된 데에는 놀라운 계기가 있다. 그는 첼리스트로서 교육을 받았고 1886년 오페라단과 함께 브라질에서 순회공연을 하고 있었다. 당시 무능한 현지 지휘자 때문에 이탈리아 음악가들이 공연을 거부하고 이탈리아 출신 지휘자를 택했다. 브라질 관객들은 이를 국가에 대한 모욕으로 받아들이고 그 지휘자를 쫓아냈다. 이런 혼란의 와중에 토스카니니는 쫓겨난 지휘자를 대신해 관중의 적대감을 극복해야 했다(어떤 연주자에게도 순조롭다고 할 수 없는 상황이었다). 하지만 스무 살의 나이에 갑작스럽게 지휘자로 데뷔한 토스카니니는 비판적인 현지 언론으로부터 격찬을 받았다. 그는 그 외에도 주목할 만한 업적을 남겼다. 악보 없이 베르디의 〈아이다〉 전곡을 지휘했고 그는 이후에도 계속 이런 관행을 유지했다. 첫 번째 승리 이후 토스카니니는 남은 순회 공연의 모든 지휘를 맡았다.

이후 그는 처음 지휘하는 긴장된 상황에서 잠깐 기억을 잃은 적이 있다고 인정했지만 이는 매우 예외적인 경우였다. 이탈리아 피아니스트이자 작곡가 페루초 부소니Ferruccio Busoni는 1911년에 이렇게 말했다.

"그의 기억력은 생리학 분야의 역사적 기록에서나 볼 수 있을 만한 놀라운 현상이다. 하지만 그것은 그의 다른 능력을 방해하지 않았다. (…) 그는 폴 뒤카Paul Dukas의 〈아리안과 푸른 수염〉Ariane et Barbe-bleue이라는 대단히 어려운 악보를 공부하더니 다음날 아침 첫 번째 리허설을 진행했다. 물론 외워서!"

토스카니니의 능력을 증언한 또 다른 사람은 유명 러시아 작곡가 이고르 스트라빈스키Igor Stravinsky였다.

"악보 없이 오케스트라를 지휘하는 것이 유행이 되었다. 그것은 단순한 과시의 수단인 경우가 많았다. 이것은 절묘한 솜씨처럼 보이지만 그리 놀라운 일이 아니다. (…) 위험 요소가 거의 없고 약간의 확신과 냉철함이 있는 지휘자라면 쉽게 해낼 수 있다. 다만 지휘자가 악보의 편성에 대해서 알고 있다는 것을 증명하지는 못한다. 하지만 토스카니니의 경우에는 의심의 여지가 거의 없다. 그의 기억력은 주지의 사실이다. 그의 리허설에 참석만 해보면 알 수 있듯이 그는 세세한 부분 하나도 놓치지 않는다."

이 두 걸출한 음악인의 감상은 토스카니니의 기억력에 대한 다른 많은 일화로 더욱 깊어진다. 예를 들어 NBC 심포니 오케스트라가 아리고 보이토Arrigo Boito의 〈메피스토펠레〉Mefistofele 서막을 연주하기로 했다가 리허설 전날 밤 백스테이지 밴드의 악보가 잘못 놓여 있는 것을 발견한 유명한 일화가 있다. 토스카니니는 앉아서 기억만으로 악보를 적었다.

하지만 애초에 토스카니니는 왜 악보 없이 지휘해야 할 필요성을 느꼈을까? 의심할 여지없이 그는 그렇게 하는 것이 쉽다는 것을 알았기 때문이고, 부분적으로는 그가 근시였다는 이유도 있다. 더 중요한 이유는 악보를 계속 보는 대신 오케스트라와 훨씬 더 효과적으로 소통하고 소리에 집중할 수 있다는 것을 깨달았기 때문일 것이다. 지휘자는 손뿐 아니라 눈으로도 연주자들과 소통하는데 토스카니니는 눈을 사용해서 오케스트라에 중요한 메시지를 전달하고자 했다(프레젠테이션이나 강연을 할 때도 청중과의 눈 맞춤이 대단히 중요하다는 것을 기억하라).

토스카니니는 악보를 앵무새처럼 외우는 데 그치지 않았다. 악보가 정확히 어떤 방식의 소리를 내야 하는지에 대한 명확한 아이디어를 가지고 있었으며, 아주 익숙한 곡이라도 매번 새로 연주를 하기 전에 철저한 연구를 통해 이를 미세 조정하곤 했다. 이러한 절대적인 헌신과 타의 추종을 불허하는 음악성 덕분에 20세기 최고의 공연을 해낼 수 있었지만 그는 늘 겸손한 사람이었다. "나는 천재가 아니다. 내가 창조한 것은 아무것도 없다. 다른 사람들의 음악을 연주할 뿐이다. 나는 그저 음악가일 뿐이다."

그는 곡을 완벽하게 연주하는 과정에서 자신이 어떻게든 작품을 해석하고 있다는 사실을 인정하지 않았다.

"나는 사람들이 지휘자 X의 〈에로이카〉Eroica, 지휘자 Y의 〈지크프리트〉Sigfried, 지휘자 Z의 〈아이다〉에 대해 말하는 것을 듣곤 한다. 그럴 때면 나는 베토벤, 바그너, 베르디가 이들의 해석에 대해 어떻게 말했을지 궁금해진다. 지휘자들을 통해 그들의 작품이 새로운 혈통을 갖게 되었다고 생각하지는 않았을까? 나는 〈에로이카〉, 〈지그프리트〉, 〈아이다〉를 마주한 해석자가 작곡가의 정신에 최대한 깊이 들어가야만 베토벤의 〈에로이카〉, 바그너의 〈지그프리트〉, 베르디의 〈아이다〉를 표현할 수 있다고 생각한다."

토스카니니는 놀라울 정도로 다재다능했다. 베토벤, 바그너, 베르디 등 기성 작곡가들의 작품만 연주한 것이 아니었다. 지휘자로 활동하던 초기에는 루지에로 레온카발로Ruggiero Leoncavallo의 〈광대〉

Pagliacci, 지아코모 푸치니Giacomo Puccini 의 〈라 보엠〉La Bohème 등 유명 작품의 세계 초연을 이끌었고, 이후에는 요한 슈트라우스Johann Strauss, 클로드 아실 드뷔시Claude Achille Debussy, 장 시벨리우스Jean Sibelius 의 작품을 정기적으로 공연했다.

토스카니니는 경력 말기(그는 85세에도 활발하게 활동했다)에 250개의 교향곡과 100개의 오페라, 수많은 실내악곡과 가곡을 기억에 저장하고 있었던 것으로 추정된다. 말년에 그는 60~70년 전 젊은 시절에 작곡하고 그 이후로 보지 않았던 자신 작품을 기억해야 했다. 차이가 몇 가지 있었을 뿐 그는 텍스트까지 완벽하게 기억했다.

세계에서 기억력이 가장 뛰어난 남자

앞서 8회에 걸쳐 세계 기억력 챔피언 우승을 기록하고 브레인 트러스트의 올해의 두뇌상을 수상한 도미닉 오브라이언의 위업을 간단히 언급했다.

오브라이언은 학계에서 흔히 창의력은 이제 과거의 일이라고 말하는 나이인 30대 후반에 완전히 새로운 정신 기술이자 수련인 기억력을 마스터하기로 마음먹었다. 이후 7년 만에 그는 세계 기억력 챔피언십에서 두 차례 우승하고, 세계 기억력 매치 플레이 챔피언십World Memory Match Play Championship 에서 월계관을 얻어냈으며, 기억력에 관한 두 권의 책을 쓰고, 가혹한 경기 조건하에서 단 한 시간만에 섞여 있는 열다섯 벌의 카드(한 벌 당 카드 52장)를 실수 한 번 없이 암기했다! 심지어 그는 무작위로 쉰네 벌의 카드(총 2,808장)를 한 번씩만 보고 암기해 기네스북에 올랐다. 카드의 순서를 정확하게 암송했고 그 가운데 오류는 단 여덟 번이었으며 그중 네 번은 틀렸다는 말을 듣자마자 고쳐 말했다.

오브라이언이 기억력에 관심을 갖게 된 것은 1988년 초 영국 TV 프로그램 〈레코드 브레이커스〉Record Breakers 에서 기억력 전문가 크레이튼 카벨로Creighton Carvello 가 카드 한 벌을 외우는 모습을 본 때였다. 강한 흥미를 느낀 그는 카드 한 벌을 들고 앉아 자신만의 기억 시스템을 고안하는 일에 착수했다. 그의 첫 시도는 순조로움과 거리가 멀었다. 26분이 걸렸고 열한 번의 실수가 있었다. 하지만 그는 끈질기게 노력했고 얼마지 않아 카드 한 벌이 아닌 여러 벌을 외울 수 있게 되었다. 그는 1988년 6월 영국 길드포드에 있는 카운티 사운드 라디오County Sound Radio 에서 여섯 벌을 암기하는 최초의 기록을 세웠다.

오브라이언은 배우 더스틴 호프먼Dustin Hoffman 이 경이로운 기억력을 가진 자폐증 환자를 연기한 영화 〈레인맨〉을 보고 더 큰 의욕을 느꼈다. 영화의 한 장면에서 주인공은 자신의 재능을 이용해 동생이 라스베이거스에서 블랙잭으로 큰돈을 따게 돕는다. 이에 오브라이언은 블랙잭을 자신의 재능을 발휘할 수 있는 수익성 높은 출구로 생각하게 되었고, 이후 6개월 동안 블랙잭을 분석하고 성공 전략을 개발했다. 그러나 안타깝게도 그의 밥줄은 일시적인 것으로 판명되었다. 카지노는 카드를 암기하는 사람들의 기법에 대해 잘 알고 있었고, 오브라이언은 대부분 카지노에서 출입을 금지 당했다.

1991년 그는 런던의 아테나움 클럽Athenaeum Club에서 열린 최초의 세계 기억력 챔피언십에 참가했다(이 책을 쓴 우리 두 저자가 주최한 대회였다). 결선에서 참가자들은 정면을 본 채 나란히 줄을 섰고 각자에게 카드 한 벌씩이 주어졌다. 오브라이언의 왼편에는 그가 기억력으로 커리어를 개척하도록 영감을 준 카벨로가 있었다. 그는 점점 더 빠르게 카드를 뒤집으며 상대를 자극했고, 카벨로는 결국 집중력을 잃었다. 그리고 결국 이 대회에서 우승해 세계 기억력 챔피언 타이틀을 얻었다.

오브라이언은 인간의 기억력에 한계가 있다는 것을 인정하지 않고 계속해서 자신의 기록을 향상하며 더욱 인상적인 기록을 세웠다. 그는 카드 한 벌을 55초 만에 외우기, 쉰네 벌의 카드 외우기, 트리비얼 퍼슈트Trivial Pursuit (일반 상식, 대중문화, 스포츠, 예술 등 여섯 가지 범주의 질문에 대한 정답을 맞추는 게임—옮긴이) 전체 세트의 문제 외우기, 원주율 파이(π)의 2만 2,500자리까지 외우기(1998년에 기네스 세계 신기록을 경신했다) 등의 위업을 달성했다. 파이는 수천 년 동안 수학자들에게 매력을 발휘해왔다. 3.1415926…으로 시작하는 파이는 초월수로, 반복되는 패턴을 만들지 않고 무한히 계속되는 숫자를 말한다. 따라서 메모리 테스트에 매우 적합한 도구다. 오브라이언은 파이 암기 기록을 세우고 5만 자리 숫자까지 기록을 늘리는 것을 목표로 정했다. 현재 라즈비르 미나Rajveer Meena가 7만 자리 기록을 보유하고 있다. 이것은 기억에 경이로운 양의 정보를 저장하는 일이다. 초당 한 자리씩 5만 개의 숫자를 읽는 데에만 무려 열네 시간이 걸린다.

> **브레인 플래시** **기억 훈련: 멈춘 두뇌를 깨우는 치료제**
>
> 오브라이언의 업적은 자신의 두뇌를 더 효율적으로 사용하고자 하는 모든 사람에게 영감을 주는 상징이 된 것이다. 동력 운송 수단의 시대에 짧은 거리를 매우 빠르게 달리는 것은 사회적으로 유용한 기술은 아니지만 우리가 건강을 유지하기를 원하거나 마라톤 스타의 업적에 감탄하는 일을 막지는 않는다. 자신의 두뇌가 활기가 없어졌다고 느끼거나 새로운 언어를 배우는 것이 두려운 사람이라면 오브라이언의 업적에서 영감을 받을 수 있을 것이다. 기억 훈련은 일종의 정신 에어로빅으로, 나이가 들수록 더 중요하다.

지금 실천해야 할 것들

- 이 장에서 설명한 기억 극장과 고전적인 기억 기법에 담긴 메시지를 흡수한다.
- 마인드맵의 다채롭고 극적인 시각 효과를 사용해 핵심 목록, 아이디어, 사실을 기억하는 데 도움을 받는다.
- 회의나 파티에서 소개 받은 사람들의 이름을 기억하기 위해 의식적으로 노력하는 것부터 시작한다. 사람들의 외모나 특징을 이름과 연결해보거나 기억을 떠올리는 데 도움이 될 사실 하나를 찾아내도록 노력한다.
- 책에 있는 정보를 암기하는 일에서 더 나아가 새로운 마인드 스포츠나 언어에 도전해 나아가고 점차 더 야심을 키워 보자!

AGING AGELESSLY

만약 다시 살 수 있는 인생이 주어진다면 나는 적어도 일주일에 한 번은
시를 읽고 음악을 듣는 것을 규칙으로 만들 것이다. 그렇게 지금의 위축된
뇌 부위를 사용해 활동적으로 유지되게 할 것이다.

— 찰스 다윈

제12장

노화를 이기는 사람들은
무엇이 다른가

지금까지 나이와 관련된 발전의 이론 및 생리학, 철학에 대해 알아보고 다양한 도전 과제를 마련해 인생을 진전시키는 데 도움이 되는 자극을 살펴봤다.

이번에는 자기 자신에게 도전하는 사람들의 사례로 넘어가보자. 삶에 특별한 이점이 없는 상태에서 시작했지만 나이 들면서 새로운 도전 과제를 스스로 부여하는 방법을 찾은 현 시대 사람들의 이야기를 소개할 것이다. 이들은 이 방식으로 시냅스 연결을 더욱 강화하고 명민한 정신을 유지한다.

면면히 살펴보면 노년기에 이미 보기 드문 성취를 이룬 이들도 있고 혹은 황금기를 들어가기 위한 준비 단계를 밟는 이들도 있다. 이 장에서는 현존하는 사람들의 사례들을 설명하는 전략을 이용해 누구나 예후를 크게 개선할 수 있다는 것을 보여주기 위해 역사적 천재나 지적인 슈퍼스타는 의도적으로 피할 것이다.

나 자신에게 도전을 선물한다

노화와 관련해 흔히 알려진 부정적 고정관념에 반하는 사람들이 있다. 이들은 지적이고, 활동적이며, 야망 있고, 호기심 많고, 활기에 차 있으며, 함께 있으면 즐겁다. '이탈자'renegade 라는 단어가 꼭 맞아 떨어진다. 영어로 이 단어는 '벗어난 사람'이라는 뜻의 run-a-gate(런어게이트)에서 유래한 것이기 때문이다. 이런 사람들은 정신적 적성의 표준적 하향 곡선에서 벗어난 사람들이다.

이 장에서는 '쇠퇴'를 거부하는 사람들의 주목할 만한 사례를 소개할 것이다. 그리고 젊은 연령층의 사람들이 꾸준히 흐르는 세월에 대항하는 효과적인 무기로 진정한 괴테 스타일을 취해 스스로 도전하기 위해 무엇을 하는지 보여줄 것이다. 이런 대응에는 전통적인 은퇴 연령이 훨씬 지난 후에 완전히 새로운 커리어나 사업을 시작하거나 경외심을 불러일으키는 새로운 정신 기술을 습득하거나 특별한 예술적 목표를 위해 노력하거나 개인의 차원에서 육체적·정신적 인내라는 극한의 자기 도전을 위해 애쓰는 일이 포함된다.

킨이 정신 역량을 키우기 위해 사용하는 한 가지 기법은 정기적으로(최소한 한 달에 두 번) 최대 40명의 상대와 체스 대국을 동시에 벌이는 것이다. 이런 대국은 호락호락한 상대에만 제한하지 않고 전 영국 챔피언과 국제 그랜드 마스터 타이틀을 획득한 선수가 포함되는 경우가 보통이다. 지금까지 킨이 세운 최고의 기록은 단 세 시간 동안 101승 5무 1패를 거둔 것이다(그는 이것이 세계적인 승률과 속도라고 주장한다). 대국 후에 그는 모든 게임의 수를 기억해 참가자들에게 보여주며 자신의 한계를 한층 더 밀어붙인다. 한편 부잔의 경우, 53세의 나이에 극도로 어려운 바둑에 숙달하는 과제를 스스로 부과했다. 통계학자들은 바둑의 수가 체스보다 훨씬 더 많은 것으로 계산한다. 하지만 부잔은 단 8개월 만에 바둑 실력을 마치 검은띠에 가까운 수준으로 끌어올려 서양 챔피언이나 수준 높은 아시아권 선수들에 진지하게 겨룰 수 있게 되었다.

이제 더 넓은 캔버스에서 다양한 사람들이 신화 속 불사조처럼 나이를 먹어 가면서도 스스로에게 도전하고 자신을 재창조하는 모습을 들여다보자. 이들은 정신력, 체력, 주의력을 잘 유지할 뿐 아니라 심지어 더 확장한다.

85세에도 열정은 계속된다

유시프 할머니는 18세에 주방에서 경력을 쌓기 시작해 혼자 요리를 배웠다. 그녀는 귀찮아하지 않고 자신의 레시피를 적어두었다. 이제 이 레시피들은 사랑스럽고 헌신적인 조수이자 손녀 디나 이브라힘 덕분에 유튜브와 틱톡에서 디지털로 기록되고 있다. 최근의 집계에 따르면 할머니와 디나의 유튜브 구독자 수는 26만 명, 틱톡 팔로워 수는 약 53만 명, 인스타그램 팔로워 수는 6만 4,000명이다. 디나는 유튜브로 전 세계의 요리 동영상을 보는 것을 좋아하는 할머니로부터 '할머니의 주방'이라는 아이디어를 얻었다. 그의 말에 따르면 할머니는 주방에서 너무 빨리 움직이기 때문에 촬영하는 동안 그녀와 사촌이 따라잡기 힘들 정도라고 한다.

두뇌와 기억력은 인생의 비즈니스다

이 장을 집필하는 동안 기억력 분야의 세계적인 스타 중 한 명인 펠버바움컨설팅그룹Felberbaum Consulting Group 의 프랭크 펠버바움Frank Felberbaum 과 이야기를 나눴다. 다음은 나이를 먹는 두뇌가 자신에게 미치는 영향과 스스로에게 도전하기 위해 86세의 나이에 해내고 있는 일에 대한 그의 생각이다.

- 나이를 먹어도 사업을 확장하는 것처럼 두뇌를 확장할 수 있다.
- 나이 드는 뇌는 신선하고 이국적인 것을 좋아한다. 변화에 쉽게 적응하고, 새로운 것을 배우기를 좋아하며, 안 가본 장소에 가는 것을 즐기는 노인은 표준에서 벗어난 이탈자다. 때로는 이런 특성을 가진 사람과 함께 사는 데에서도 같은 혜택을 얻을 수 있다.
- 비즈니스와 인생에서 성공하기 위해 적절한 인맥을 갖는 것이 중요했던 것처럼 이제는 나이 드는 뇌를 성공적으로 유지하기 위해 적절한 인맥을 만들어야 한다.
- 기억은 의식적이고 능동적인 창조 과정이다. 이 과정을 통제하면 기억을 통제해 나이 드는 뇌를 젊고 활기차게 유지할 수 있다.
- 마음은 익숙한 것을 추구하지만 파격적인 것으로부터의 충격이 필요하다. 변화는 어렵지만 노화를 극복하고 즐기기 위해서는 반드시 필요하다.
- 젊은 사람이 기억에 오류가 생기는 것은 보통 정보 과부하로 원인을 돌린다. 그러나 노인이 기억력 장애를 겪을 때 그 이유를 노화에서 찾으려 것이 보통이다. 대부분의 상황에서 노인은 젊은이들과 동일한 정확도로 반응하기 위해 조금 더 시간이 필요할 뿐이다.

위의 내용은 나이를 먹을수록 뇌가 더 좋아지는 이유에 대한 펠버바움의 생각이 들어 있다. 그는 두뇌와 기억력 향상에 대해 이런 이야기를 들려주었다.

"나는 수백 개의 기업에서 수천 명의 임원, 관리자, 영업 담당자, 기술직 사원을 교육하는 일을 계속하고 있기 때문에 내 두뇌와 기억력 그리고 이 두 가지가 어떻게, 왜 그렇게 기능하는지를 끊임없이 의식한다. 스스로 사용하는 방법과 기술에 대해 의식하고 있고, 나와 많은 기억력 워크숍 참가자들이 기억력을 향상하는 데 쏟는 노력에 대해서도 잘 안다. 이것이 내 정신을 예리하게 유지하게 해주었다! 나는 28년 넘게 기억력 개발 분야에서 전문가로 일해왔지만 한 번도 정체기에 이른 적이 없다. 항상 도전을 추구하고, 새롭고 자극적인 아이디어와 개념, 기술을 꾸준히 습득하기 위해 두뇌와 기억력을 훈련해왔다. 고객과 나 자신에 대한 가장 중요한 목표는 비즈니스 정보 손실을 막는 것이므로 내 교육 프로그램의 이름도 '기억의 비즈니스'Business of Memory 다.

배우는 데에는 평생이 걸리며 그만큼 많은 에너지가 필요하다. 그렇게 소중하기 때문에 사라지도록 놔둘 수 없다. 두뇌와 기억에 대한 새로운 지식이 채워지지 않는 갈증 때문에 나는 그 길에 있는 모든 것을 소화하고 있다. 빨리 일어나서 생각하고, 배우고, 가르치고 싶어서 매일 아침이 기다려진다."

101세에 역도 대회에서 우승한 비밀

2021년 9월 《피플》People 에 기네스 세계 기록을 달성한 101세의 최고령 역도 선수 에디스 머웨이트라이나Edith Murway-Traina의 이야기가 실렸다. 댄스 강사였던 머웨이트라이나는 몇 년 전 친구의 초대로 체육관에 다니기 시작했고, 그곳에서 역도에 대한 열정을 발견했다. 그녀는 이렇게 말한다. "정기적으로 체육관에 가면서 역도가 재미있다는 것을 알게 되었고, 조금씩 더 나아지기 위해 스스로에게 도전하게 되었다. 그리고 오래지 않아 팀에도 소속되었다." 역도를 시작한 지 얼마 지나지 않아 그녀는 대회에 출전했고 결국 우승했다! 머웨이트라이나는 자신의 성공 비결로 열정과 끈기를 꼽는다. 가끔 피곤해서 체육관에 가고 싶지 않을 때도 있지만 그녀는 그 마음을 이겨내고 즐겁게 운동한다. 그녀의 근력 트레이너인 빌 버클리Bill Berkley 는 "대단한 도전이다. 그런 나이에 그런 수준으로 운동을 한다는 것은 정말 놀라운 일이다."라고 말했다.

여전히 현역에서 뛸 준비가 되어 있다

미국 NBA에서 프로 선수로 활약하기에 너무 많은 나이는 몇 살일까? 농구 역사에 비추어 보면 이 질문에 대한 답은 40대 중반으로 보인다. 45세의 내트 히키Nat Hickey가 최고령 선수였다. 1947~48 시즌 프로비던스 스팀롤러스Providence Steamrollers의 수석 코치였던 그는 두 경기에서 직접 선수로 뛰었다. 소위 전성기를 훨씬 지나서도 여전히 창의적이고 민첩할 수 있다는 증거였다.

히키에게서 '최고령 NBA 선수' 기록을 뺏고 싶어 하는 66세의 캘빈 로버츠Calvin Roberts는 1980년 샌안토니오 스퍼스San Antonio Spurs에 지명되었을 때보다 지금이 더 좋은 상태라고 주장한다. 당시 그는 그 팀의 선수 명단에 오르지 못했지만 20년 가까이 해외에서 선수 생활을 이어갔고 1999년 공식적으로 은퇴했다. 하지만 많은 은퇴자가 그렇듯 그의 활약은 아직 끝나지 않았다.

로버츠는 자녀들과 함께 운동을 할 수 있도록 몸을 예전처럼 만들어보자는 아내의 독려로 운동을 다시 시작했다. 그렇게 대학 때의 몸매로 돌아가자 모든 것이 제자리를 찾은 듯했고 기분이 좋아졌다. 한때 매직 존슨Magic Johnson과 맞붙었던 풀러턴캘리포니아주립대에서 뛰었을 때보다 더 좋은 컨디션이 될 때까지 계속해서 자신을 몰아붙였다. 그는 운동량을 늘리고, 더 무거운 웨이트를 들고, 라스베이거스의 지역 YMCA에서 농구를 했다. 자신감을 얻은 로버츠는 여러 NBA 팀에 편지를 보내 자신이 트라이아웃tryout(적격 테스트—옮긴이)을 받을 준비가 되어 있다고 알리고 라스베이거스에서 열리는 NBA 여름 리그에서 능력을 증명할 기회를 달라고 요청했다.

이제 다섯 아이의 아버지이자 두 아이의 할아버지가 된 로버츠는 여전히 답을 기다리고 있다. 그는 여름 리그에 출전하라는 초대를 받지는 못했지만 관중으로 참석해 선수들과 코치들을 지켜보고 그들의 이야기를 들으면서 경기를 지켜보며 경기에 완전히 몰두할 수 있었다. 좌절하고 낙담할 수 있는 상황이었지만 로버츠는 긍정적인 태도를 유지했다. 그는 "좋은 몸을 유지하면서 리바운드, 점프, 슛 등 모든 기술을 할 수 있다면 내 역할은 다한 것이다."라고 말하며 꿈을 이루기 위해 노력을 이어나가고 있다. 육체적·정신적으로 건강을 유지하게 하는 것은 로버츠의 이런 강력한 내적 동기와 추진력이다.

> **브레인 플래시** ◣ **판사의 전성기는 70대다**
>
> 1972~1986년 항소법원 재판관이었던 프레더릭 로턴은 판사직의 연령 제한이 65세인 것이 잘못된 일이라고 말한다. 나이가 많을수록 더 나은 판사가 될 가능성이 높다는 것이다.
>
> "판사들 사이에서는 임용 후 첫 5년 동안 자기 일에 대해 거의 알지 못하고, 그 다음 5년은 자신이 많이 안다고 생각하지만 그렇지 않다는

것을 기억해야 한다는 말이 있다. 10년은 지나야 자신이 꽤 괜찮은 판사라고 생각할 수 있다. 대부분의 판사가 그렇듯 50대 초반에 임용된 판사는 60세가 넘은 후 65세에 은퇴를 앞두고 있을 때에야 비로소 자신의 일을 제대로 할 수 있다. (…) 양심적이고 성실한 판사(그리고 대부분의 판사)들은 매일 자신의 업무에 대해 더 많은 것을 배운다는 사실을 알고 있다. 그들은 배움을 멈추지 않는다. 완전히 만족하지 못하는 판결을 내린 후에는 '다시는 그렇게 하지 않겠다'라고 몇 번이고 다짐한다. 세월이 흐르면서 기억 속에는 법관으로서 하지 말아야 할 것들이 점점 더 많이 저장된다. 건강하다면, 특히 정신이 건강하다면 나이가 들수록 더 나은 판사가 될 가능성이 높다. 내가 일하는 동안 만난 최고의 판사로 꼽는 배런 리드와 알프레드 톰슨 데닝이 최고의 판결들을 내린 시기는 모두 70대가 훨씬 넘었을 때였다. 만약 그들이 65세에 은퇴해야 했다면 법조계는 얼마나 큰 손실을 입었겠는가? (…) 나는 항소법원 판사로서 데닝과 판사석에 앉을 수 있는 특권을 누렸다. 항소법원에 갔을 때 내 나이는 예순이었고, 그 전에는 11년 동안 고등법원 판사로 일했다. 데닝은 예순여덟 살 정도였다. 그와 함께 판사석에 앉을 때마다 판결에 대해 많은 것을 배웠다." (《타임스》 중에서)

아마존 CEO의 꿈은 멈추지 않는다

제프 베이조스가 아마존닷컴을 시작한 것은 1994년이었다. 당시 그는 30대였다. 온라인 서점으로 시작한 이 회사는 상상할 수 있는 거의 모든 제품을 취급하는 쇼핑의 천국으로 성장했다. 베이조스가 처음 구상했던 '세상의 모든 것을 파는' 곳이 된 것이다. 이 회사가 성공한 것은 창립자인 그처럼 성장과 개선을 멈추지 않았기 때문일 것이다. 아마존은 설립 이후 엔터테인먼트(프라임 비디오Prime Video), 클라우드컴퓨팅, 인공지능(알렉사Alexa) 등 다양한 산업으로 발을 넓혔고, 식료품과 제약, 산업 용품, 주택 개량, 기업 대출 등 더 많은 분야의 진출을 목표로 하고 있다.

지구상에서 가장 부유한 기업가 중 한 명인 베이조스는 영원한 젊음을 유지하는 데 전념한다. 운동광으로 유명한 그는 나이보다 젊어 보이는 외모를 갖고 있다. 하지만 젊어 보이는 것만으로는 충분치 않다. 그는 실제 젊음을 유지하길 원하며 노화 과정을 늦추고, 멈추고, 인체 시계를 되돌릴 방법을 찾기 위해 의학 연구와 기술에 엄청난 투자를 하고 있다.

베이조스는 성취에 안주하지 않고, 노화 과정의 중단과 행성 식민지 개척 등 스스로 열정을 갖고 있는 과제에 도전하고 크게 생각하면서 정신을 예리하게 유지한다. 그는 2000년 민간 우주 탐사

기업 블루 오리진Blue Origin 을 은밀히 설립해 심우주를 탐사하고 지구의 예비 옵션 역할을 할 다른 행성 식민지 개척의 꿈을 좇고 있다. 2021년 7월, 그는 블루 오리진 엔지니어들이 개발한 로켓과 캡슐 시스템을 타고 11분 동안 우주로 갔다 돌아왔다. 당시 여정에는 그의 동생 마크, 나사NASA 의 머큐리 프로그램에서 훈련을 받았으나 우주로 갈 기회를 얻지 못했던 82세의 파일럿 월리 펑크Wally Funk, 블루 오리진의 투자자인 아버지가 표를 사주어 첫 유료 고객으로 탑승하게 된 18세의 고등학교 졸업생 올리버 데이먼Oliver Daemen 이 동행했다.

베이조스는 다른 무엇보다 수면을 우선한다. 그는 에너지와 기분을 증진하기 위해 하루 여덟 시간 잠을 잔다. 그는 IQ가 가장 높은 시간으로 알려진, 아침 식사 후이자 점심 식사 전인 오전 10시에 '높은 IQ 회의' 일정을 잡는다. 늦은 오후에 일이 생기면 회의 소집을 다음 날로 미룬다. 베이조스는 2016년 11월《쓰라이브 글로벌》Thrive Global 과의 인터뷰에서 "여덟 시간의 수면은 나에게 큰 변화를 가져다준다. 나는 수면을 우선하기 위해 노력하는데 이는 활력을 느끼기 위해 그 정도의 시간이 필요하기 때문이다."라고 이야기했다.

능력 부족인가, 의욕 부족인가?

《러닝 리서치 뉴스》를 발행하는 미국 생리학자 오언 앤더슨Owen Anderson에 따르면 나이 자체보다 투지의 상실이 운동 능력 저하에 더 큰 영향을 미친다고 한다. 앤더슨은 "과거에는 운동 선수의 생리적 쇠퇴가 35세 정도부터 꾸준히 이어진다고 생각했다. 그러나 이제는 나이와 관련된 쇠퇴로 보인 것들의 대부분이 훈련 감소의 영향이라는 사실을 알게 되었다."라고 말한다. 덧붙여 그는 "강도 높은 훈련을 계속할 수 있는 달리기 선수들의 경우, 25세에서 45세 사이에도 기량에 큰 손실이 없다는 것을 발견하고 있다. (…) 45세가 되면 기록의 저하가 나타날 수 있지만 이는 노화 과정이 다리를 무겁게 하는 것은 아니다. 아마도 의욕이 떨어지고, 훈련의 질이 떨어지며, 훈련의 일관성이 부족하기 때문일 것이다."라고 지적했다.

놀라운 활동을 펼친 83세 불후의 지휘자

뇌 연구 분야에 음악의 힘이라는 새로운 요소가 등장했다. 1979년에 보스턴 필하모닉 오케스트라를 창단한 83세의 벤저민 잰더Benjamin Zander는 전 세계 유수의 오케스트라에서 객원 지휘자로 활동해왔다. 그는 경력 초기부터 "온 세상에 음악을 전한다."라는 사명을 가지고 일했다.

잰더는 25년 동안 런던에 기반을 둔 필하모니아 오케스트라Phil-harmonia Orchestra 와 협력해 구스타브 말러Gustav Mahler 교향곡 거의 전곡과 요제프 안톤 브루크너Josef Anton Bruckner, 베토벤 교향곡 등 열한 개의 음반을 녹음했다. 〈하이 피델리티〉High Fidelity 는 그들이 녹음한 말러 교향곡 6번을 '2002년 최고의 클래식 음반'으로 선정했다. 그 중 말러 교향곡 3번은 독일음반비평가상협회German Record Critics' Award Association 의 크리틱스 초이스Critic's Choice 상을 받았으며 말러 교향곡 9번과 브루크너 교향곡 5번 음반은 그래미상 최우수 오케스트라 연주 부문 후보에 오르기도 했다. 잰더는 온 세상에 음악을 전하기 위한 노력의 일환으로 필하모니아 음반마다 오디오 해설을 담은 별도의 디스크를 포함시켰다.

그는 2012년 보스턴 필하모닉 유스 오케스트라Boston Philharmonic Youth Orchestra (이하 BPYO)를 설립해 미국 북동부 전역에서 12세에서 21세 사이의 젊은 음악가들이 매주 보스턴 심포니 홀에 모여 리허설과 공연을 하도록 했다. 수업료가 없는 이 오케스트라는 정기적으로 투어를 하며 카네기홀, 암스테르담 콘세르트헤바우, 베를린 필하모니 등 여러 유명한 홀에서 공연을 가졌다. BPYO는 2017년 여름에 남미 투어를 진행했으며, 2018년 투어에서는 유럽 여덟 개

도시에서 말러의 교향곡 9번을 연주했다. 2019년에는 브라질 투어를 큰 성공으로 이끌었다. 또한 뉴잉글랜드 콘서바토리 유스 필하모닉New England Conservatory Youth Philharmonic 을 이끌고 열다섯 번의 해외 투어를 진행했으며 미국 공영방송 PBS를 통해 여러 편의 다큐멘터리를 제작했다.

그의 음악 해설 수업인 '음악의 해석'Interpretations of Music 은 전 세계에서 수만 명의 사람들이 온라인으로 시청하기도 했다. 2018년에는 그의 이런 커리어를 지원하기 위한 벤저민잰더센터Benjamin Zander Center 가 설립되었고, 이 센터는 몰입형 멀티미디어 플랫폼을 통해 잰더가 하는 음악 작업의 모든 측면에 접근할 수 있게 한다. 잰더는 2019년 음악과 문화, 리더십에 대한 공로를 인정받아 요하네스버그에서 열린 ABSA 어치브먼트 어워드ABSA Achievement Awards 에서 평생 공로상을 수상했다. 또한 그의 테드TED 강연 '클래식 음악이 가진 변혁의 힘'The Transformative Power of Classical Music 은 2,000만 명 이상이 시청한 기록을 남겼다.

브레인 플래시 | **최고의 걸작으로 인정받는 최후의 걸작**

"나는 베르디의 모든 오페라 중에서 〈오델로〉와 〈팔스타프〉만을 진정한 천재의 작품으로 여긴다." (미국 저널리스트 버나드 레빈)

베르디는 1887년 74세에 〈오델로〉를, 1893년 80세에 〈팔스타프〉를 작곡했다. 이 두 작품은 베르디가 남긴 수많은 오페라 중 마지막 두 작품이다.

현재 많은 과학자가 특정 유형의 음악을 듣는 것이 사람들을 더 총명하게 만들 수 있다고 믿는다. 캘리포니아대학 물리학자 고든 쇼Gordon Shaw는 추상적 추론 과제를 수행하는 동안 뇌의 반응을 조사했고 이때 음악의 패턴과 닮은 활동 패턴을 발견했다. 그는 심리학자이자 전직 전문 첼리스트였던 프랜시스 라우셔Frances Rauscher와 함께 어린아이들에게 음악 교육을 제공할 경우 공간 추론 능력 향상에 영향이 있는지 확인을 시도했다. 초기 결과는 대단히 긍정적이었다. 수업을 시작한 3개월, 6개월, 9개월 후 어린이들의 추상적 추론 능력이 큰 향상을 보였다. 이것이 발전을 보인 유일한 측면이란 사실은 음악이 단순히 주의를 끄는 것만이 아니라 두뇌를 훈련시킨다는 점을 시사한다.

이런 결과에 고무된 쇼와 라우셔는 성인이 음악을 들을 때 어떤 일이 일어나는지 분석하기로 결정했다. 그들은 모차르트 피아노 소나타와 이완 음악, 침묵의 세 가지 상태를 만들고 각각의 상황에 놓였을 때 성인들의 공간 추론 테스트를 시행했다. 결과는 모차르트가 대단히 긍정적인 영향을 미친다는 것을 보여주었다.

다른 형태의 음악은 어떨까? 헤비메탈, 애시드록acid rock (사이키델릭 록의 한 형태. 긴 솔로와 즉흥 연주가 특징적이고 일부 짧은 가사가 포함되기도 한다―옮긴이), 랩 음악을 듣는 것도 모차르트와 같은 자극 효과를 줄 수 있을까? 쇼와 라우셔는 동의하지 않는다. 이런 형태의 음악에는 능력을 향상시키는 데 필요한 구조적·화성적 복잡성이 없기 때문이다. 쇼는 이런 주장을 펼친다.

"우리는 특정한 구조를 가지고 태어나는데 이 구조는 특정한 자연적 패턴의 자극을 받는다. 모차르트의 음악을 들을 때 기분이 좋아지는 것은 이런 자연적 패턴이 뇌를 자극하기 때문이다."

쇼와 라우셔의 실험은 모차르트의 음악을 듣거나 체스를 할 때 모두 비슷한 패턴의 뇌파가 발생한다는 것을 보여준다.

브레인 플래시 ◄ **100세 현역을 다짐했던 지휘자의 꿈**

토스카니니의 제자였던 지휘자 게오르그 솔티는 82세에 전성기를 맞았다. 그는 런던 로열오페라하우스에서 주최하는 베르디 페스티벌의 구심점인 인물이었다. 솔티는 〈라 트라비아타〉 공연 전날인 1995년 6월 10일의 인터뷰에서 100세에 세계 최초의 현역 지휘자가 되겠다는 포부를 밝혔다. 〈라 트라비아타〉 공연은 런던 전체를 헐떡이게 하는 폭염 속에서 이루어졌다. 솔티가 이 미친 듯한 기온에 유일하게 양보한 것은 재킷을 벗는 일이었다. "내 인생에서 처음 있는 일이었다." 이후 안타깝게도 그는 목표를 달성하지 못하고 1997년 9월 5일 85세의 나이에 세상을 떠났다.

기꺼이 다시 어린아이가 되어라

이 장에서 소개한 표준에서 벗어난 이탈자들이 가장 닮은 인간 집단이 무엇일지 생각해보자. 정답은? 바로 '어린이'다!

같은 맥락에서 모든 시인, 철학자, 종교 지도자, 사상가들이 나이 드는 인간을 위한 자극제에 대해 다양한 방식으로 이야기했다. 마태복음 18장 3절에는 "너희가 돌이켜 어린아이들과 같이 되지 아니하면 결코 천국에 들어가지 못하리라."라는 구절이 있다. 또 영국 시인 윌리엄 블레이크William Blake가 말한 것처럼 "천국에 들어가려면 순수의 시대(유년기)를 떠나 경험의 시대(중년 초기)로 들어가고 다시 순수의 시대(후기 유년기)로 들어가야 한다."라고도 표현할 수 있다.

마인드매핑의 옹호자이며 민간 및 공공 부문에서 기업가코칭과 컨설팅을 제공하는 리키헌트어소시에이트Rikki Hunt Associates의 68세 CEO 리키 헌트Rikki Hunt는 '생각하는 조직'thinking organization의 창시자로 알려져 있다. 그는 아이거, 마테호른, 에베레스트와 같은 산을 등반하고 북극까지 걸어서 가는 등 자신의 잠재력을 발휘하기 위해 끊임없이 자신에게 도전한다.

사실 헌트는 고소공포증이 있다. 하지만 1995년 여름에 그는 녹음이 무성한 아이거와 마테호른의 봉우리를 등반했다. 왜일까? 시간을 들여 전념한다면 누구나 무엇이든 할 수 있다는 사실을 직원들에게 증명해 보이기 위해서였다. 또 그의 사무실에는 세 개의 저글링 공이 장식되어 있다. 저글링을 하지 못하는데도 말이다. 그는 마음만 먹으면 저글링을 배울 수 있다는 것을 상기시키기 위해 공들을 거기에 둔 것이다.

헌트는 이렇게 말한다. "나는 원하는 것이라면 무엇이든 할 수 있다는 굳은 믿음을 갖고 있다. 그래서 사람들이 오랜 좌절 끝에 결국 자신의 잠재력을 실현할 수 있도록 가르치는 일을 인생의 목표로 삼게 되었다. 한계라는 것은 존재하지 않는다. 우리 회사의 사훈이 '할 수 없다는 말을 하지 말라'인 이유도 이것이다." 《퍼스넬 투데이》

지금 실천해야 할 것들

- 전체적인 지능 흐름의 조화를 꾀하기 위해 고전음악을 듣는다. 특히 모차르트, 하이든, 바흐, 베토벤, 말러, 스트라빈스키를 추천한다.
- 야심 차지만 현실적인 새로운 도전을 꿈꾸고 달성한다. 도전에는 직업적·문화적·개인적인 것(예를 들어 스포츠나 취미)이 있다.
- 자기 자신을 믿는다. 다른 사람이 도와주거나 대신해주길 기다리지 말라.
- 제5장에서 소개한 괴테의 메시지를 기억한다. "태초에 말씀이 있었다? 태초에는 행위가 있었다."

브레인 플래시 ◀ **74세에 운동광이 된 사람**

2019년 《셰이프》에 실린 한 기사는 체계적인 운동 루틴으로 건강상의 여러 문제를 극복한 조안 맥도널드의 사례를 다뤘다. 70세가 된 그녀는 고혈압, 고콜레스테롤, 위산 역류로 여러 약을 먹고 있었다. 의사는 그녀의 건강이 나빠지고 있으며 생활방식을 크게 바꾸지 않으면 복용량을 늘려야 한다고 알렸다. 《셰이프》와의 인터뷰에서 맥도널드는 이렇게 말했다. "달라져야 한다는 것을 깨달았습니다. 제 어머니도 같은 과정을 겪는 것을 지켜봤기 때문입니다. 약을 달고 사셨죠. 제 인생도 그렇게 되는 것은 원치 않았습니다."

요가 수행자이자 역도 선수, 전문 요리사로 활동하며 멕시코 툴룸스트 렝스클럽 소유주인 딸 미셸의 도움으로 맥도널드는 걷기, 요가, 웨이트 리프팅을 시작했다. 처음에는 10파운드 역기도 들기가 힘들어서 몸이 견딜 수 있는 만큼의 운동만 했다. 시간이 지나면서 일주일에 5일 두 시간씩 체육관에서 운동하는 수준으로 발전했다. 그녀는 "저는 속도가 아주 느립니다. 그래서 일반적인 운동을 마치는 데 보통 사람의 두 배는 되는 시간이 필요하죠."라고 말했다.

맥도널드는 자신의 성공 비결로 운동 습관을 꾸준히 지키고, 아침 7시 경에 '다른 생각이나 계획이 필요치 않도록' 가장 먼저 운동을 한 일을 꼽는다.

정신력 강화를 위해 할 수 있는 일에는 어떤 것이 있을까? 중요한 것은
자신에게 익숙하지 않은 영역에 적극적으로 참여하는 것이다.

— 아널드 샤이벨

제13장

나의 두뇌와 체력은
몇 점일까?

지금까지 표준에서 벗어난 이탈자들, 즉 스스로에게 도전하고 정신적 시야를 넓히는 사람들을 만나보았다. 이 장에서는 정신 테스트, 자가 진단, 체력 측정기 및 새로운 매개변수 등을 통해 자신의 두뇌가 실제로 얼마나 건강한지 분석할 수 있는 다양한 방법을 소개할 것이다. 특히 마인드 스포츠와 두뇌 체조가 나이 들어도 어떻게 뇌를 건강하게 유지하게 해주는지 설명한다. 이때 마인드 스포츠가 새로운 뇌 회로를 만들어 알츠하이머병을 예방하는 데 도움이 된다는 것을 밝힌 캘리포니아대학 어바인의 연구 결과를 인용할 것이다.

당신의 두뇌는 건강한가? 개선의 여지가 있는가? 있다면 얼마나 개선이 가능한가? 이 장의 뒷부분에서 자기 관리와 시간 관리, 신

체적 두뇌, 정서적 안정, 감각 인식, 기억력, 창의력의 영역을 직접
테스트해보자!

기회를 잡아라

대기업을 운영하는 것은 체스를 하는 것과 같다. 방대한 논리적 분석
과 기회를 잡는 용기가 필요하다. (《선데이 타임스》)

천재와 위인들이 체스를 사랑한 이유

- 체스는 정신의 경기장이다. —블라디미르 레닌Vladimir Lenin
- 나는 정신을 이용하는 게임의 강력한 옹호자다. 사고의 기술을 완
  벽하게 하는 역할을 한다. —고트프리트 빌헬름 라이프니츠Gottfried
  Wilhelm Leibniz
- 시크교의 여섯 번째 구루인 하르고빈드Hargobind는 추종자들에게
  신체를 단련하고, 무술을 배우고, 자신과 타인의 권리를 보호하기
  위해 숙련된 기병이 되라고 독려했다. 시크교도들은 '산트 시파'Sant
  Sipa, 즉 성기사가 되어야 했다. —<타임스>

왜 마인드 스포츠, 특히 체스가 중요한 것일까? 그 답은 인류 문화의 역사를 통틀어 마인드 스포츠의 기량이 지능과 연관되어 왔다는 데 있다. 마인드 스포츠는 많은 천재의 삶에서 중요한 역할을 했으며, 서구의 다양한 마인드 스포츠 중에서도 최고의 자리에 있는 것은 의심할 여지없이 체스라 할 수 있다. 체스는 가장 널리 행해지고 있으며 뒷받침하는 이론이 가장 잘 문서화되어 있다. 수많은 천재가 체스를 높이 평가했는데 괴테는 체스를 '지성의 시금석'이라고 칭했다. 《아라비안 나이트》에 등장하는 이슬람의 아룬 알라시드Haroun al-Rashid 는 왕조에서 최초로 체스를 즐긴 사람이었다. 또 11세기 비잔틴 황제 알렉시우스 콤네누스Alexius Comnenus 는 체스를 두던 중 이뤄진 암살 음모에 놀랐지만 뛰어난 체스 실력을 이용해 자연스럽게 탈출할 수 있었다고 한다.

동화에 나오는 '알라딘'은 실제로 티무르 법원의 사마르칸드 출신 변호사이자 체스 선수였다. 14세기에 세계(당시 알려진)의 절반을 정복한 티무르는 체스를 좋아했고, 아들이 태어났다는 소식을 들었을 때 루크를 옮기고 있었기 때문에 아들의 이름을 샤 루크Shah Rukh 라고 지었다.

또 다른 천재 벤저민 프랭클린은 열정적인 체스 플레이어였다. 실제로 미국에서 최초로 출간된 체스 책은 1786년에 프랭클린이 출간한 《체스의 도덕》Morals of Chess 이다. 이외 셰익스피어, 괴테, 라이프니츠, 아인슈타인이 체스를 언급했으며 이반 4세, 엘리자베스 1세, 예카테리나 2세, 나폴레옹 등이 자신의 체스 실력을 자랑스럽게 생각했다.

체스를 통해 자신의 정신 능력에 도전하는 가장 좋은 방법 중 하나는 온라인에서 쉽게 구할 수 있는 체스 퍼즐을 푸는 것이다. 웹에서 '체스 퍼즐'을 검색해보자.

이어서 체스를 비롯한 마인드 스포츠 챔피언들의 사례를 통해 정신 능력을 개발하는 방법을 소개하겠다.

브레인 플래시 ◀ **모든 경험은 뇌가 배우는 기회다**

정신력 강화를 위해 평범한 사람이 할 수 있는 일에는 어떤 것이 있을까? 중요한 것은 자신에게 익숙하지 않은 영역에 적극적으로 참여하는 것이다. 지적인 측면에서 도전적인 일이라면 무엇이든 수지상 세포의 성장에 자극이 될 수 있으며 이는 두뇌의 연산 용량을 늘릴 수 있다는 것을 의미한다. 수학, 그림, 춤, 퍼즐 맞추기, 악기 연주하기, 자극을 주는 사람과 만나기, 브리지, 체스, 요트 타기 등을 해보자. 연구자들은 너무 늦은 때란 없다는 사실에 의견을 함께한다. 뇌가 도전하는 과정에서 뇌 회로를 구축하므로 모든 삶은 학습의 경험이 되어야 한다. 이것이 뇌가 작동하는 방식이다. (아널드 샤이벨)

지능에 대한 도전, 마인드 스포츠

약 1만 년 전 문명의 여명이 밝은 이래, 역사는 인류가 게임하는 모습을 기록해왔다. 가장 오랜 고대 문명의 기록은 틱택토tic-tac-toe(가로세로 세 칸씩 총 아홉 개의 칸에 두 사람이 번갈아 X와 O를 표시하여 수평, 수직, 대각선으로 같은 기호가 이어지도록 만들면 이기는 게임―옮긴이)와 유사한 게임을 언급하고 있다. 문명이 발전함에 따라 게임도 복잡해졌다.

수 세기에 걸친 게임의 발전은 매혹적인 것이었다. 이제 게임은 우리가 전투에 참여하고, 즐거움을 느끼고, 지능에 대해 생각하는 방식에 진화적 변화를 이끄는 지점에 도달했다.

마인드 스포츠에 대한 관심이 커졌음을 보여주는 척도는 주요 대회의 상금액 증가다. 1969년 세계 체스 챔피언십World Chess Championship의 우승 상금은 약 3,000달러 미만이었지만 1990년 게리 카스파로프와 아나톨리 카르포프Anatoly Karpov는 200만 달러의 상금을 놓고 경합을 벌였다. 그 이후로 상금에는 거의 변화가 없다. 2021년 세계 체스 챔피언 매그너스 칼슨과 도전자 이안 네폼니아치Ian Nepom-niachtchi 사이의 대국에는 206만 4,460달러의 상금이 걸렸다.

체스와 마인드 스포츠에 대한 관심이 폭발적으로 증가하면서 동시에 일반적인 정신 능력을 측정하고, 그 결과를 두고 경쟁을 벌이고, 이를 기반으로 조직을 구성하는 일에 대한 관심도 폭발적으로 증가했다. 영국에서만 매년 회원이 2,000명 이상 증가하는 멘사의 성장세가 이를 보여준다. 멘사 회원들의 주로 즐기는 취미는 체스를 비롯한 마인드 스포츠와 멘탈 퍼즐이다. 마찬가지로 인터네셔널브레인비International Brain Bee 의 인기도 높아지고 있다. 이 대회는 메릴랜드대학의 노버트 미슬린스키Norbert Myslinski 박사가 창설한 고등학생 대상의 신경과학 경연대회다. 브레인비는 특별한 자원봉사자들이 헌신적으로 시간과 자원을 할애한 덕분에 풀뿌리운동에서 성공적인 국제 교육·지원 이니셔티브로 성장했다.

지능 영역의 세계 기록은 신체적인 영역에서의 세계 기록과 비슷하다. 여기에는 원주율 외우기, 카드의 암기 속도, 가장 높은 IQ, 체스 최고 등급 등 공식 대회 안팎에서 달성된 다양한 정신 능력 업적 등이 포함된다. 여러 조직과 전문 심사위원들이 이런 기록을 공식적으로 승인한다.

정신 능력 분야에 대한 관심의 증가는 점차 확산되고 있다. 지역 및 전국, 국제 대회가 급증하면서 거의 모든 주요 신문과 잡지가 체스, 브리지, 브레인 트위스터brain twister (다양한 유형의 논리 퍼즐, 단어 퍼즐 또는 시각적 퍼즐—옮긴이)에 관한 기사와 칼럼을 싣고, 심지어는 특집편까지 마련한다. 지난 몇 년 동안 영국 〈타임스〉의 토너먼트 오브 더 마인드Tournament of the Mind 와 BBC의 〈마스터마인드〉

Mastermind TV 프로그램이 많은 팬을 끌어들였다. 체스, 브리지, 바둑, 스크래블, 모노폴리 및 기타 챔피언십을 위해 수백 명의 경쟁자가 마을과 도시로 몰려들고 있으며, 관련 서적과 클럽, 경기장, 대회에 대한 수요도 꾸준히 증가하고 있다.

정신적 스포츠보다 육체적 스포츠가 더 대중적인 표현 매체로 우세한 위치를 점하고 있는 것은 타고난 선호 때문이 아니다. 이는 단순히 정신적 영역에 동등한(혹은 더 큰) 관심을 표현할 기회가 적었기 때문이라는 증거가 계속 늘고 있다. 이제는 IT 기술과 전자 데이터 시스템의 성장으로 스포츠 경기장에서의 경기만큼이나 많은 관중이 정신 능력의 전투가 치러지는 전장을 즉각적으로 볼 수 있는 지점에 이르렀다. 현재 세계 체스 챔피언십 경기는 온라인과 케이블 네트워크를 통해 전 세계 수십억 명의 시청자에게 전송되고 있다.

정신 능력 관련 세계 챔피언십 대회를 향한 세계적인 관심은 자신의 기능과 한계를 시험하고자 게임을 개발하는 방식에 대한 인간 정신의 자연스러운 관심에서 나온 결과다. 이런 현상은 모든 게임에 공통적으로 나타나고 있으며, 다양한 정신 능력 분야에 관심이 있는 사람들에 대한 통계가 이를 충분히 증명하고 있다.

몸을 움직일수록 뇌의 근육이 강해진다

《네이처》에 실린 한 연구는 노년기까지 두뇌를 예리하게 유지하는 데 신체 운동과 정신 운동 모두 도움이 된다는 사실을 보여준다. 이는 노화에 수반되는 알츠하이머병 및 기타 정신 장애를 예방하는 데 도움이 될 수 있다. 캘리포니대학 어바인의 신경과학자 카를 코트먼Carl Cotman이 진행한 이 연구는 신체 활동과 정신 활동 사이의 직접적인 연관성을 보여주는 최초의 연구로, 뇌의 성장 인자가 운동으로 통제될 수 있다는 것을 입증한다. 규칙적으로 운동하는 사람들이 더 오래 살고, 정신 능력 테스트에서 더 높은 점수를 받는다는 증거는 이미 많이 존재한다. 코트먼의 연구 결과는 노화 과정과 싸우는 일에서 신체 활동의 필요성을 한층 강조한다. 그는 "뇌는 실제로 근육이다. 운동을 하면 정신은 성장하고 더 많은 프로젝트와 복잡한 문제를 처리할 수 있게 된다."라고 말한다.

코트먼은 그의 연구에서 쥐를 이용했다. 쥐는 인간과 비슷한 운동 습관을 가지고 있기 때문이다. 쥐에게 운동량을 조절할 수 있게 하자 각기 독특한 선호도를 보였다. 트레드밀에 거의 올라가지 않는 게으른 '소파 중독' 쥐가 있는가 하면, 매일 밤 몇 시간씩 강박적으로 달리는 '운동 중독' 쥐도 있었다. 운동한 쥐들은 뇌의 중요한 성장 인자인 뇌유래신경영양인자brain-derived neurotrophic factor, BDNF의 수치가 훨씬 높았다.

다만 운동에는 효과를 극대화할 수 있는 이상적인 한계치가 있는 것으로 보인다. 코트먼의 연구 결과는 과도하게 운동한 쥐들은 최적 수준으로 운동한 쥐들과 비교했을 때 더 나은 성장을 보이지 않는 것을 입증했다.

한편 캐나다의 한 연구는 비만이 수면 장애를 유발하고, 심지어 학습 장애와 지능(IQ)의 현저한 저하로 이어질 수 있다는 것을 발견했다. 웨스트버지니아주 찰스턴 소재 사우스캐롤라이나대학 의과대학 심리학자 수전 로즈Susan Rhodes는 비만은 목에 생기는 지방이나 중추신경계와 관련된 보다 간접적인 수단에 영향을 미쳐 수면 중 뇌의 산소를 감소시키고 일종의 뇌 손상을 일으킨다고 주장한다. 또한 그는 비만인 사람이 다이어트를 할 경우 이런 손상을 되돌리고 '더 똑똑해질 수 있다'고 말한다.

만약 당신이 마인드매핑, 체스, 바둑 등 도전적이고 새로운 정신 기술을 개발하려고 노력하거나 식습관을 개선하거나 금연을 위해 노력하는 중이라면 제4장에서 이야기한 오래된 나쁜 습관을 새로운 좋은 습관으로 바꾸는 방법을 다시 한번 참조하길 바란다. 메타 긍정사고는 자신을 더 나은 방향으로 변화시킬 수 있는 방법이며 빨리 시작할수록 좋다. 이는 성공적으로 나이를 먹기 위한 전략의 핵심 요소다.

아직도 노년의 정신적 쇠퇴를 믿는가?

연구자들은 이제 건강한 보통 사람이라면 노년에도 지능의 특정 중요 영역이 쇠퇴하지 않는다는 사실을 입증할 수 있게 되었다. 이 새로운 연구는 과학자들과 대중이 오랫동안 가져온 믿음에 이의를 제기하며 신체적·정서적으로 건강한 사람이라면 지적 성장의 가장 중요한 형태가 80대까지 계속될 수 있음을 시사한다. 또한 어떤 경우에는 지능 저하가 역전될 수 있으며 나이가 들면서 뇌세포가 손실된다는 기존의 개념이 잘못되었다는 것을 보여준다.

나이를 먹으면 정신적 쇠퇴가 불가피하다는 잘못된 가정 때문에 지적으로 활기찰 수 있었던 수많은 삶이 위축되었는지도 모를 일이다. 노화연구자 워너 샤이는 이렇게 말한다. "지능 저하를 예상하는 것은 자기충족적 예언이 된다. (…) 무력한 노년의 고정관념을 받아들이지 않고, 인생의 다른 시기처럼 노년에도 활발히 활동할 수 있다고 생각하는 사람은 죽기 전까지 무능해지지 않는다." (《인터내셔널 헤럴드 트리뷴》 중에서)

나의 두뇌는 얼마나 건강한가?

지금 당신의 두뇌는 어떤 상태인가? 다음의 표는 두뇌 능력을 알아보는 테스트다. 자신의 두뇌 능력과 상태를 확인하고 개선이 필요한 영역을 찾아보자. 각 질문의 답에 해당하는 숫자를 확인한 후 해당 영역의 총점을 기록한다.

자기 관리와 시간 관리	그렇다	종종 그렇다/ 확실하지 않다	그렇지 않다
1. 인생에서 원하는 것에 대한 명확한 비전이 있는가?	2	1	0
2. '할 일 목록'이 50페이지가 넘어서 부담을 느끼고 있는가?	0	1	2
3. 시간을 잘 지키는가?	2	1	0
4. 일기에 이미지나 상징, 색상을 사용하는가?	2	1	0
5. 스트레스를 정기적으로 느끼는가?	0	1	2
6. 계획을 세우는 것을 좋아하는가?	2	1	0
7. 자기 자신을 위해 정기적인 휴일과 휴식 시간을 마련하는가?	2	1	0
8. 일을 하고 있지 않을 때는 죄책감을 느끼는가?	0	1	2
9. 자신의 인생을 연대순으로 기억하는가?	2	1	0
10. 자신의 생활을 정기적으로 검토하는가?	2	1	0
11. 보통 내일이 오기를 기대하는가?	2	1	0
12. 일기를 쓰는 일에 부담이나 불안을 느끼는가?	0	1	2

물리적 두뇌	그렇다	종종 그렇다/ 확실하지 않다	그렇지 않다
1. 설탕과 소금을 많이 섭취하는가?	0	1	2
2. 신선한 채소와 과일을 정기적으로 섭취하는가?	2	1	0
3. 정제 식품을 많이 섭취하는가?	0	1	2
4. 체중이 상당히 많이 혹은 적게 나가는가?	0	1	2
5. 운동을 정기적으로 하고 좋아하는 편인가?	2	1	0
6. 건강검진을 정기적으로 하는가?	2	1	0
7. 과음을 하는가?	0	1	2
8. 어떤 종류든 약을 정기적으로 복용하는가?	0	1	2
9. 튀기는 조리법 대신 굽는 조리법을 이용하는가?	2	1	0
10. 식단이 다양한 편인가?	2	1	0
11. 커피나 차를 하루에 6잔 이상 마시는가?	0	1	2
12. 담배를 피는가?	0	1	2

정서적 안정	그렇다	종종 그렇다/ 확실하지 않다	그렇지 않다
1. 자신감이 있는가?	2	1	0
2. 눈물을 흘리는 편인가?	2	1	0
3. 짜증을 자주 내는 편인가?	0	1	2
4. 주변 사람들이 당신을 대체로 행복한 사람이라고 생각하는가?	2	1	0
5. 친구 관계를 오랫동안 유지하고 있는 사람이 있는가?	2	1	0

정서적 안정	그렇다	종종 그렇다/ 확실하지 않다	그렇지 않다
6. 무력감을 자주 느끼는가?	0	1	2
7. 삶이 버겁게 느껴질 때가 많은가?	0	1	2
8. 가족들과 잘 지내고 있는가?	2	1	0
9. 자신이 느끼는 것을 말로 표현하는가?	2	1	0
10. 다른 사람과 접촉을 주고받는 일을 좋아하는가?	2	1	0
11. 다른 사람들이 행복할 때 당신도 행복하다고 느끼는가?	2	1	0
12. 보통 두려움을 혼자만 간직하는가?	0	1	2

감각적 인식	그렇다	종종 그렇다/ 확실하지 않다	그렇지 않다
1. 춤추는 것을 좋아하는가?	2	1	0
2. 영화, 연극, 그림, 음악을 정기적으로 감상하는가?	2	1	0
3. 시각적 정보를 명확하게 떠올릴 수 있는가?	2	1	0
4. 냄새와 맛을 명확하게 떠올릴 수 있는가?	2	1	0
5. 소리, 촉각, 신체적 움직임을 명확하게 기억하는가?	2	1	0
6. 살기 위해서 먹는가, 먹기 위해서 사는가?	0	1	2
7. 감각적 경험을 즐기는 편인가?	2	1	0
8. 어린아이들과 노는 것을 좋아하는 편인가?	2	1	0
9. 자신의 몸에 만족하는가?	2	1	0

감각적 인식	그렇다	종종 그렇다/ 확실하지 않다	그렇지 않다
10. 자연을 좋아하는가?	2	1	0
11. 주변 사람들은 당신이 옷을 잘 입는다고 생각 하는가?	2	1	0
12. 운전하는 것을 싫어하는가?	0	1	2

기억력 테스트 1. 장기 기억

종이 위에 태양계 행성들의 이름을 태양에서 가까운 순서대로
적는다.

1. _____

2. _____

3. _____

4. _____

5. _____

6. _____

7. _____

8. _____

기억력 테스트 2. 학습 중 회상

다음의 단어 목록을 한 번 읽은 뒤 이어서 설명하는 지침을 따른다.

1. 상자	9. ~의	17. 그것	25. 의지
2. 정확한	10. 그것	18. 나무	26. 두려운
3. 남자	11. 그것	19. 문	27. 가입
4. 냄비	12. ~의	20. 컵	28. 천장
5. 발	13. 넓은	21. ~의	29. 정상
6. 종이	14. 레오나르도 다 빈치	22. ~의	30. 손가락
7. 높은	15. 비오는	23. 돌리다	31. 불
8. 그리고	16. 작은	24. 위	

목록의 단어는 다시 보지 않고, 바로 종이 위에 기억할 수 있는 단어를 가능한 한 많이 적고 채점한다.

자, 이제 다음 내용을 계속 읽기 전에 펜과 종이를 다시 챙기고 시간을 잴 수 있는 시계를 준비한다. 그리고 다음의 창의력 테스트를 꼭 해보자.

· 1분 동안 생각할 수 있는 고무줄의 용도를 가능한 한 빨리 모두 적어라.

두뇌 능력과 기억력 테스트 채점하기

자기 관리와 시간 관리

18~24점: 우수하다. 당신은 최대한의 효율로 일하고 있다.

12~17점: 양호하지만 개선의 여지가 많다.

6~11점: 더 열심히 노력할 수 있고 노력해야 한다.

0~5점: 두뇌와 신체의 힘을 거의 사용하지 못하고 있다.

물리적 두뇌

18~24점: 우수하다. 뇌가 번성할 수 있는 모든 기회를 제공하고 있다.

12~17점: 양호하지만 생각만큼 자신을 잘 돌보지 못하고 있을 수 있다.

6~11점: 예리한 뇌에 비해 신체 건강의 중요성을 과소평가해 정신적인 건강을 놓치고 있을 수 있다.

0~5점: 신체적 학대의 수준으로 두뇌 능력을 약화시키고 있다. 두뇌에 기회를 주도록 하라.

정서적 안정

18~24점: 정서적으로 몹시 성숙하다.

12~17점: 성숙한 편이지만 이 영역에 좀 더 노력한다면 많은 도움이 될 것이다.

6~11점: 스스로 과소평가하고 있다. 이는 잘못된 판단이다.

0~5점: 내면의 정서적 안정에 주의를 기울이도록 하라.

감각적 인식

18~24점: 우수하다. 감각적·문화적·육체적으로 균형 잡힌 삶을 살고 있고, 그 결과 두뇌에도 좋은 영향을 주고 있다.

12~17점: 양호하지만 앞으로 더 발전할 수 있는 점수다.

6~11점: 평균이지만 특별히 좋은 점수는 아니다. 사고에는 딱딱한 이론화보다 더 많은 것이 있다는 사실을 기억하라.

0~5점: 두뇌에 자극이 부족한 위험에 처해 있다. 인생을 좀 더 즐길 필요가 있다!

기억력 테스트 1. 장기 기억

정답: 수성, 금성, 지구, 화성, 목성, 토성, 천왕성, 해왕성

올바르게 나열한 행성 개수마다 1점을 매긴다.

8점: 매우 우수하다.

6~7점: 매우 좋다. 평균을 훨씬 웃돈다.

4~5점: 평균 이상이다.

2~3점: 평균을 약간 상회한다.

1~2점: 놀랍게도 보통이다.

학업이나 일상생활 모두에서 두뇌가 노출되는 이런 주제에서 전반적으로 점수가 낮은 이유는 장기 기억을 사용하는 훈련이 되어있지 않기 때문이다.

기억력 테스트 2. 학습 중 회상

반복되는 단어(~의, 그것) 중 하나 이상 혹은 레오나르도 다빈치(눈에 띄므로), 다른 모든 단어 중 처음과 끝 부분에서 본 단어를 더많이 기억했을 것이다. 이는 첫 단어와 끝 단어 그리고 어떤 식으로든 서로 연관성이 있거나 특별한 특징이 있는 단어를 기억한 것임을 알 수 있다. 만약 당신이 모든 단어를 기억했다면 유난히 잘 훈련된 기억력을 갖고 있는 것이다. 그렇지 않더라도 걱정할 필요는없다. 이런 목록을 기억하는 일이 자신의 능력을 완전히 넘어선 일로 생각했다면 틀렸다. 이 책에 담긴 방법을 공부하면 당신도 분명기억할 수 있다는 것을 알게 될 것이다.

창의력 테스트

미국 심리학자 엘리스 폴 토런스Elis Paul Torrence 의 연구를 바탕으로 한 이 창의력 테스트의 점수는 보통 0점부터 평균 3~4점, 우수함 8점, 매우 우수함 12점, 매우 뛰어남 16점이다.

이 창의력 테스트는 발산적이고 독창적으로 사고하는 능력을 평가하기 위해 개발되었다. 피험자의 성공은 유창성, 유연성, 독창성, 정교함과 같은 발산적 사고로 표현된다.

- **유창성**: 피험자가 자연스럽게 떠오르든 그렇지 않든 창의적인 아이디어를 얼마나 빠르고 쉽고 거침없이 내놓을 수 있는가를 나타낸다.
- **유연성**: 피험자가 다양한 종류의 아이디어를 내놓을 수 있는 능력과 다채로운 전략을 사용해 한 접근 방식에서 다른 접근 방식으로 전환할 수 있는 능력을 나타낸다.
- **독창성**: 평범하거나 일반적인 것과는 거리가 먼 독특하고 색다른 아이디어를 만들어내는 능력을 나타낸다. 독창성에서 높은 점수를 받은 사람은 관행을 따르지 않는 사람으로 인식될 수 있지만 독창성이 좋다는 것이 변덕스럽거나 충동적인 성향을 의미하지 않는다. 그와는 반대로 독창성은 상당히 통제된 지적 에너지에서 나오는 경우가 많으며 일반적으로 높은 수준의 집중력이 필요하다. 독창적인 사상가는 표준에서 벗어난 이탈자일 가능성이 더 높다.
- **정교함**: 토런스에 따르면 정교함에서 높은 점수를 받았다는 것은 피험자가 아이디어를 개발하고, 조정하고, 꾸미고, 실행할 수 있는 능력이 있다는 것을 나타낸다. 이런 사람들은 관찰에 있어 예리하

거나 민감할 가능성이 높다.

이 창의력 테스트에서 현재까지 세계에서 가장 높은 공인 점수를 기록한 부잔은 독창성 점수 100퍼센트를 달성했으며 네 가지 평가(발산적 사고 관련) 범주에서 전반적으로 일반 등록자보다 세 배 높은 점수를 받았다. 부잔은 세계 기록을 경신하기 전에 토런스의 창의력 테스트를 대비한 체력 훈련을 하고, 마인드매핑과 기억기술을 연마했다.

창의력은 다른 정신 기술과 마찬가지로 가르치고 배울 수 있다.

당신은 앞서 살펴본 네 가지 영역별 두뇌 능력 설문지를 통해 변화나 개선이 필요한 삶의 영역을 발견했을 것이다. 여기에는 결단력 키우기, 더 건강한 식단 취하기, 유산소 운동 시작하기, 기억력과 창의력 향상 등이 포함될 수 있으며 이 모든 것은 성공적인 노화 전략을 설계하는 맥락에 있다.

이 설문 결과를 확인한 후 삶의 어떤 측면이든 바꾸고 싶어졌다면 지금이 바로 오래된 나쁜 습관을 새로운 좋은 습관으로 바꾸는 것에 대해 살펴본 내용을 검토할 시간이다(제4장 참조).

자신을 더 나은 방향으로 변화시키는 힘, 즉 메타긍정사고의 힘을 기억하라!

세계 기억력 챔피언십에 도전한다면?

세계 기억력 챔피언십이 시도한 다양한 도전 과제를 소개한다. 이 대회에서 실제 제공하는 시간은 괄호 안에 표시되어 있다. 직접 시도해보고 싶다면 주변 사람에게 시험관 역할을 맡아 달라고 부탁하라.

- **무작위 단어 외우기(15분):** 50까지 번호가 매겨진 열에 임의로 배치된 단어가 제시된다. 참가자는 단어를 기억한 후 순서대로 적어야 한다. 각 단어 열의 점수는 다음과 같이 채점한다. 실수가 없으면 50점, 한 번 실수하면 25점, 두 번 이상 실수하면 0점이다. 각 열의 점수를 합산해 총점을 낸다.
- **불러 주는 숫자 외우기(30분):** 참가자는 1부터 100까지 모든 숫자를 무작위로 불러주는 것을 듣는다. 그리고 들은 순서대로 숫자를 적어야 한다. 참가자의 점수는 실수하기 전에 정확하게 기억한 숫자의 개수로 따진다. 따라서 처음 30개의 숫자를 올바른 순서로 외우고 서른한 번째 숫자를 틀리면 점수는 30점이 된다. 이 절차는 세 번 반복된다. 세 번의 시도 중 가장 높은 점수만 계산된다.
- **카드 기억하기(1시간):** 참가자는 주어진 한 시간 동안 열두 벌의

카드(한 벌당 52장이다)를 가능한 한 많이 외운다. 한 벌의 카드에서 실수를 하지 않으면 52점을 받는다. 한 번 실수하면 26점, 두 번 이상 실수하면 0점이 된다.

- **빠르게 카드 기억하기(5분):** 참가자는 시험관이 섞은 카드 한 벌을 받는다. 0으로 설정된 스톱워치의 시작 버튼이 눌리는 동시에 카드를 하나씩 열어보기 시작한다. 그리고 카드 한 벌을 다 외우면 손을 들고 스톱워치를 멈춘다. 참가자는 정확히 기억한 카드 수만큼만 점수를 얻는다. 예를 들어 1분 안에 카드 한 벌을 외웠지만 스물다섯 번째 카드에서 실패하면 24점을 얻는다.
- **시 외우기(15분):** 참가자에게는 해당 경기를 위해 특별히 쓰인 60행의 시가 주어진다. 이후 구두점까지 포함해 시를 외워 적어야 한다. 하나라도 실수가 있으면 해당 행은 0점으로 처리된다. 완벽한 한 행은 1점이 된다. 고의로 기억하기에 어렵게 만든 다음의 시는 1995년 런던에서 열린 세계 기억력 챔피언십의 시 경연에 사용되었으며 영국의 국민시인 테드 휴즈Ted Hughes가 이 대회를 위해 쓴 것이다.

검게 그을린 진주

숯같이 검은 건방진 갈까마귀, 그는 계급이나 사람을

308

가리지 않고 견장에서

심장을 쪼아 낸다. 이를 갈며

잠자는 자가 깨어나려 한다. 횃불의 도시는

두 개의 등을 가진 짐승의

불타는 눈동자에. 검고 검은 그림자를

드리운다. 보라, 어두운 바다가

별이 그리고 초승달이 뜬

하늘의 깃발 아래 함대처럼

불길하게 움직인다. 아프리카 마녀가

이슬 속에서 펜타클pentacle(원 안에 둘러싸인 다섯 개 별―옮긴이)을 그리며

춤을 춘다. 그리고 눈이 어두운 아버지는,

팽이처럼 흔들리면서

그의 위태로운 딸을 잡기 위해

허공에 손을 뻗는다. 그는 그녀에게 베네치아 금화와

가족의 진주가 든

지갑을 내민다. 검은 손이

그로부터 그것을 낚아챈다. 발굽이 갈라진 남자,

악마의 가면을 쓴 남자가, 서둘러서

당나귀를 끌고 간다. 보라, 바다 천둥이

보물, 대구의 머리와 연어의 꼬리가

쏟아지는 상자를 해변에 던진다. 하지만 거미는

그물을 끌어당기다, 원하는 것을 발견한다. 파리!

그는 가면을 일그러뜨린다, 그는 뱃멀미를 하지 않는다.

그가 행하는 독이 배를 가득 채우고

술주정뱅이 두 명이 언덕 아래로

거대한 종을 굴릴 때까지 술을 마시고 노래를 부른다.

검은 옷의 악마가, 분노하며, 뛰어내려,

백파이프의 넝마로 모두를 채찍질한다.

그리고는 완벽한 침묵을 요구한다. 마치

잠옷을 입은 신부처럼.

그녀의 어깨 위에 매가

울타리 뒤로 사라져, 그녀를 떠나며

녹색 눈을 가진 괴물에게 구운 새를 먹인다.

씹다가 뱉어낸, 두꺼비 한 마리가,

그녀의 손수건 위로 기어올라 쪼그리고 앉아,

딸기를 씹는다. 이빨이

잠결에 고통으로 비명을 지르고 비밀을 주절거리며

집안을 뛰어다닌다.

두 남자가 번개처럼 무릎을 꿇고 기도를 한다-

그들은 냅킨으로 땀을 닦는

두 미라의 손과 같다. 몸이 굳어 앉아 있는

까마귀처럼. 컹컹거리며 코를 삼키는

개처럼. 불타는 유황의 눈물을 흘리는

눈처럼. 이제 온 세상이,

가슴 사이에 진주 펜던트,

인동 덩굴 밑으로 들어가, 모두 그 향기에 취한다.

인동 덩굴마저 잠이 오고

장갑 낀 손이 칼을 빼내듯

버드나무 그늘에서, 한 남자가 비둘기에 맞아

쓰러진다. 온전히 피어난, 붉은 장미는

검은 색으로 깊어졌다가, 창백해진다.

두 명의 죽은 여자가 조종하는, 침대는,

액체 불꽃으로 급류에

곤두박질치기 직전이다. 검은 손이 불 웅덩이에 진주를 던지며

우리를 맞이하고

녹색 눈을 가진 악어만한 크기의,

도롱뇽이 그 뒤를 따라 뛰어든다.

꺼지지 않는 불길 속에서 소용돌이치며, 시체들을 붙잡는다─

그들의 순수함과 죄책감은 똑같이 향기롭다.

도미닉 오브라이언이나 조녀선 행콕과 같은 기억력 챔피언들은 이 테스트에서 할당된 시간 내에 100점을 얻곤 한다(가장 기억하기 어려운 시를 제외하고 말이다).

지금 실천해야 할 것들

- 체스, 바둑, 브리지와 같은 마인드 스포츠를 배운다. 친구와 게임을 하거나 대회에 참여하거나 논리적인 문제(신문이나 잡지에 나오는 퍼즐이나 십자말풀이)를 풀면서 회색세포grey cell를 운동시킬 수 있다.
- 제11장에서 설명한 기억 극장이나 고전적인 기법을 사용해 기억력을 연마한다.
- 직면한 문제나 질문에 대한 독창적인 관점을 개발한다. 마인드맵의 연상력을 활용해 새로운 시각을 적용하고 잠재된 창의력의 물고를 튼다. 신선한 아이디어가 막힘없이 흘러나올 것이다.
- 기억력 테스트를 시도한다. 특히 무작위로 나열된 단어나 불러주는 숫자 암기 테스트에서는 친구나 지인의 도움을 요청한다.
- 카드 한 벌을 처음 외우려고 시도하는 경우라면 고전적인 기억 기법 (예를 들어 기억 극장이나 니모닉 기억술)을 사용해 각 카드에 성격과 역할을 맡긴다. 그런 다음 카드를 넘기면서 자신만의 서사에 엮어 넣는다.

백개먼(두 사람이 하는 서양식 주사위 놀이―옮긴이), 브리지, 체스 실력이 대학 학위나 인맥보다 당신의 커리어에 더 큰 도움이 될 수 있다. (…) 게임에 탁월하다는 것은 상당히 정확한 성공 지표다. 어쩌면 하버드대학의 MBA보다 더 정확할 수도 있다. 브리지, 백개먼, 체스 등 어떤 게임이든 최고 수준의 게임을 통해 개발되는 기술들은 하나같이 비즈니스에서도 매우 중요하다. 이 기술들에는 절제력, 기억력, 심리적 통찰력, 압박 상황에서도 유지하는 냉정함, 단기적으로 연패가 이어져도 전략을 고수하는 준비성, 기회를 포착하고 위험과 보상의 균형을 맞추는 빠르고 직관적인 확률 계산 능력 등이 포함된다. 《포브스》 중에서)

미래에 맞서는 것은 소용없는 일이다. 시간은 우리 편이다.

— **윌리엄 글래드스톤** William Gladstone

제14장

미래의 노화는
어떤 모습인가

지금까지는 한 사람으로서의 개인에 집중했다. 마지막 장에서는 사회 전체가 나아가고 있는 방향에 대한 우리 두 저자의 분석을 바탕으로 미래를 예측해본다.

요즘 세상에는 다양한 미래상이 존재한다. 한편에서는 강요된 조기 은퇴와 국가의 노인 부양 실패가, 다른 한편에서는 지속적인 자립과 인간의 타고난 한계처럼 보이는 것을 뛰어넘는 기술의 승리가 균형을 이루고 있다. 나노 기술과 유전 공학으로 열린, 사실상의 '불멸'이라는 가능성(은총일 수도, 저주일 수도 있는) 문제도 다룰 것이다. 특히 노화의 한계가 닫히는 것이 아니라 열리고 있다는 것을 보여주고자 한다.

당신이 할 일은 주어진 기회를 활용하고, 자신의 잠재력을 최대한 발휘할 수 있도록 스스로를 지속적으로 자극하는 것이다.

나이를 역전하는 미래 전망

의학과 기술의 극적인 발전. 인간 DNA 매핑을 통한 생명을 위협하는 대부분의 암 제거… 70대에도 출산할 수 있는 여성. (BBC TV 시리즈 〈내일의 세상〉 중에서)

수명의 한계가 사라질 수 있다

우리는 변화의 속도가 극적으로 빨라지는 세상을 살고 있다. 최초의 바다 속 부드러운 진흙에서 원시 박테리아가 동물 생명체로 진화하는 데 수십억 년이 걸렸다. 그 후 공룡이 생겨나 지구를 지배하고 사라지는 데 수억 년이 걸렸다. 인간과 인간의 문화가 자리를 잡는 데는 아마 수백만 년이 걸렸을 것이다. 그러나 놀랍게도 말이나 돛보다 더 빠른 이동 수단을 만든 것은 200년 정도밖에 되지 않은 일이다. 지난 반세기 동안 과학의 발전은 위험할 정도로 빠른 속도를 통해 이루어졌다. 우선 핵에너지의 발견이 있었고, 다음으로 우주 여행과 마이크로컴퓨터, 인터넷 등이 등장했다. 그리고 최근에 와서는 뇌의 작동에 대해 파악하기 시작했다.

의학, 경제, 환경, 기술 등 앞으로 우리 사회의 존재 패턴은 더욱 빠른 속도로 변화할 전망이다. 이제 우리는 나노 기술을 통해 분자 수준에서 생체 시스템을 변경하고, 물질을 재배열하고, 유전자 코드를 다시 작성하는 일을 기대할 수 있다.

이 장에서는 몇 가지 미래 비전을 진단하고, 인구 고령화가 야기할 수 있는 위험과 도전을 살펴볼 것이다.

다음은 MIT 전 명예교수이자 인공지능 연구의 선구자 마빈 민스키Marvin Minsky가 제시한 몇 가지 견해다. 보스턴에서 우리 두 저자가 주최한 제2회 인간 대 기계 세계 체커 챔피언십Man versus Machine World Draughts Championship에서 매리언 틴슬리와 치누크 컴퓨터 프로그램이 대결하는 동안 그를 만나 이런 이야기를 나눴다.

누구나 지혜와 부를 원하지만 우리가 이를 이루기 전에 몸이 멈출 수 있다. 수명을 연장하고 정신을 향상하려면 우리의 몸과 뇌를 변화시켜야 한다. 이 목표를 위해서는, 먼저 정상적인 다윈의 진화가 어떻게 인간을 지금의 위치에 데려다 주었는지 알아야 한다. 그런 다음에야 우리는 지친 신체 부위를 대체할 수 있는 미래의 기술을 찾아 건강 악화로 생기는 대부분의 문제를 해결할 수 있다. 다음으로 우리는 나노 기술을 사용해 두뇌를 증강하고, 궁극적으로는 두뇌를 대체하여 지혜를 추구할 것이다. 이후 생물학의 한계에서 벗어나면 수명을 결정하고(불멸이라는 선택지도 있다), 지금은 상상도 하지 못하는 다른 능력들을 선택해야 할 것이다. 그런 미래에는 부를 얻는 것이 문제가 아니라 부를 통제하는 것이 문제가 될 것이다. 물론 이런 변화는 그려내기가 어려우며, 특히 인공지능의 영역에서 이런 발전이 불가능하다고 주장하는 사상가들이 여전히 많다. 하지만 이런 전환이 벌어지는 데 필요한 과학은 이미 만들어지고 있다. 이제 이 새로운 역할이 어떤 모습일지 생각해볼 때가 왔다.

최근 우리는 건강과 건강 유지 방법에 대해 많은 것을 배웠다. 특정 질병과 장애를 치료하는 구체적인 방법은 수천 가지에 이른다. 하지만 최대 수명은 늘지 않은 듯하다.

벤저민 프랭클린은 84년을 살았고, 입증되지 않은 이야기들을 제외하고는 그보다 두 배 정도로 장수한 사람은 없다. UCLA 의과대학 병리학 교수 로이 월포드Roy Walford의 추정에 따르면 평균적인 인간의 수명은 고대 로마에서는 약 22년이었고, 1900년 선진국에서는 약 50년, 현재는 약 75세라고 한다. 하지만 수명 곡선의 정점은 115세 근처에서 갑작스럽게 끝나는 것으로 보인다. 수 세기에 걸친 보건·의료의 발전은 120세라는 최장수 기록에는 별 영향을 주지 못했다.

물론 120세의 벽을 돌파한 사람도 몇 명 있지만 인간의 수명은 한계가 있는 듯 보인다. 왜일까? 민스키의 말이 이어진다.

답은 간단하다. 자연 선택은 후손이 가장 많은 사람의 유전자를 선호한다. 후손의 숫자는 세대가 지나면서 기하급수적으로 증가하는 경향이 있기 때문에 더 이른 나이에 번식하는 사람들의 유전자를 선호하게 된다. 더욱이 진화는 일반적으로 성체가 새끼를 돌보는 데 필요한 양 이상으로 수명을 연장하는 유전자를 선호하지 않는다. 심지어 자손이 살아 있는 부모와 경쟁할 필요가 없는 쪽을 선호할 수도 있다. 이런 경쟁이 사망을 유발하는 유전자의 축적을 촉진할 수도 있다.

예를 들어 지중해 문어는 산란 직후부터 먹이를 먹지 않고 굶어 죽는다. 하지만 특정 분비샘을 제거하면 문어는 계속 먹이를 먹고 두 배나 더 오래 산다. 다른 많은 동물도 번식이 끝나면 곧 죽도록 프로그램되어 있다. 우리 인간과 코끼리처럼 장수하는 예외적인 동물들은 자손들이 축적된 지식의 사회적 전달을 통해 많은 것을 배운다.

인간은 온혈 동물 중 가장 오래 사는 동물로 보인다. 어떤 선택적 압력이 지금의 장수로 이어졌을까? 바로 이것이 지혜와 관련된다! 모든 포유류 중에서 인간의 아기는 혼자 생존할 수 있는 능력이 가장 부족하다. 따라서 우리는 우리를 돌보고 생존 요령을 전수해줄 부모가 필요하다. 왜 우리는 다른 영장류 동물들보다 두 배는 오래 사는 것일까?

아마도 어린 시절의 무력한 정도가 너무 심해서 조부모의 지혜가 필요했기 때문일 것이다.

미지의 미래가 우리에게 무엇을 가져다주든, 이미 우리는 우리를 만든 규칙을 바꾸고 있다. 대부분의 사람은 변화를 두려워하겠지만 지금의 한계에서 벗어나고 싶어 하는 사람도 분명 존재할 것이다. 나는 여러 집단의 사람들에게 이런 아이디어를 시험해보고 비공식 설문조사에 응답을 요청했다. 응답자의 4분의 3 이상이 수명이 훨씬 더 길어진다는 전망에 반대한다는 사실이 나를 놀라게 했다. 많은 사람이 우리의 수명이 이미 너무 길다고 생각하는 것 같았다. 이런 식이다. "500년을 살고 싶은 사람이 어디 있을까요?", "지루하지 않겠습니까?", "친구들은 다 죽고 저만 오래 살면 어쩌죠?", "그 많은 시간 동안 무엇을 해야 할까요?"

그러나 과학자인 친구들은 그런 걱정을 거의 하지 않았다. "알아내고 싶은 것도 수없이 많고, 해결하고 싶은 문제도 너무 많아서 몇 세기가 걸릴 것 같은데!"라고 말이다. 물론 불멸이 끝없는 연약함, 쇠약함, 타인에 대한 의존을 의미한다면 매력적일리 없다. 하지만 우리는 완벽한 건강 상태를 가정하고 있다.

노화에 대한 사고의 최전선에 있는 최고의 과학자에게 듣는 흥미로운 통찰이다. 이제 미래의 다른 비전을 살펴보자.

늙고 있는 세상에 대한 현실적인 전망

서구 세계에서는 점점 더 의존적인 성향의 노인 인구가 공공 지출에 감당하기 어려운 부담을 가할 것이라는 전망이 나타난다. 영국은 물론 미국, 독일, 프랑스, 이탈리아에서는 세기가 바뀌고 나면 점점 더 늘어나는 허약하고 노령화된 연금수급자 집단을 부양하기에는 노동 인구가 너무 적을 것이라는 가정이 부각되고 있다. 정부 부채를 관리 가능한 수준으로 유지하기 위해서는 세금을 올리거나 연금을 줄여야 할 것이다. 《타임스》 중에서

이에 대한 개인의 차원에서의 해답은 분명 각자 자신의 사업을 시작하고 은퇴하지 않는 것이다.

우리의 미래는 더 젊어질까?

지난 수십 년보다 더 질 높은 삶을 보장하기 위해서는 정신적·육체적 건강을 유지해야 할 것이다. 이 부분에 대해서는 비즈니스, 사회, 정부의 몇 가지 핵심 영역에서 발생하여 우리 삶에 영향을 줄 수 있는 변화들을 예측해보겠다. 이런 조기 경보는 미래에 대한 두려움을 불어넣기 위한 것이 아니라 미래의 결과를 개선할 기회가

있는 동안 이런 변화에 대비하도록 동기를 부여하기 위한 것이다.

- **지속 가능한 은퇴 연금 프로그램:** 어떤 미래가 다가올지 알고 싶다면 캘리포니아를 주의 깊게 살펴보길 바란다. 캘리포니아의 칼세이버CalSavers 프로그램은 직원이 다섯 명 이상인 모든 고용주로 하여금 근로자들에게 퇴직 플랜을 제공하거나 칼세이버 플랜에 등록하여 직원들이 쉽게 개인 퇴직 계좌에 개인 분담금을 넣을 수 있도록 지원하게 하는 의무적인 퇴직 적금 프로그램이다. 칼세이버 플랜은 직원이 직장을 옮길 때 직원을 따라다니며 보다 든든한 은퇴 안정성을 보장한다. 우리는 은퇴하지 말라고 권고하지만 충분한 은퇴 자금이 마련되어 있다면 일자리가 있는 곳에 더 머무를 필요 없이 노후에 바라는 기회를 좇는 자유를 누릴 수도 있다.

- **성장하는 긱 경제**gig economy: 앞으로 직업을 자주 바꾸게 될 것이므로 다재다능한 능력을 개발해야 한다. 많은 사람이 점점 더 다양한 기술 포트폴리오를 보유하게 될 것이다. 컴퓨터 활용 능력 향상과 함께 프로그래밍 기술도 포함될 것이다. 각자 집중하는 전문 분야가 있겠지만 다른 다양한 분야에 대한 지식을 갖춰야 할 것이다. 예를 들어 마케팅 담당 중역이라면 지식이 자동차 산업에만 한정될 경우, 취약한 위치에 서게 되므로 컴퓨터와 코딩 기술도 습득하는 것이 좋다. 필요에 따라 1~2년 정도는 해당 분야에 고용되어 일을

한 후 원하는 시기에 잠시 일을 쉬는 것을 권한다.

- **정부 지원 은퇴·의료 서비스:** 기대하지 말라. 인구가 고령화되고, 은퇴나 의료 지원 프로그램의 비용을 지불할 수 있는 젊은 근로 인구가 줄어들면서 전 세계 정부는 재정 지원 프로그램을 위해 점점 더 많은 돈을 빌려야 하는 상황에 처해 있다. 뉴스에서는 국가별 관련 예산 프로그램의 파산이 불가피하다는 보도가 점점 늘고 있다. 만일 지급 능력이 유지된다 하더라도 정부는 금액을 줄이거나 은퇴 연령을 늘리는 등 혜택을 줄여야 할 것이다. 이는 당신의 노후를 정부에 의존하지 말라는 메시지다.

- **임대 vs. 내 집 마련:** 내 집을 갖고 싶은 마음은 모든 사람이 비슷하지만 대체로 자녀가 생기기 전까지는 세를 살 것이다. 집을 사게 되면 집을 담보로 대출을 최대치로 받는 일은 조심해야 한다. 녹지 공간을 원하겠지만 그런 곳에는 점점 더 프리미엄이 많이 붙을 것이다. 그리고 통신 기술은 기차나 버스만큼이나 중요해질 것이다.

- **에너지 비용 상승:** 저렴한 청정 에너지가 목표이긴 하지만 너무 기대하지는 말라. 공급이 줄어들고 각국 정부가 화석 연료의 연소를 억제하면서 석유와 천연가스 가격은 계속 상승할 것이다. 동시에 청정 에너지를 생산하고 이를 분배하기 위한 인프라를 구축하는 기술로의 전환 역시 에너지 비용의 상승에 한몫을 하면서 모든 비용이 증가하게 될 것이다. 고정 자금을 기반으로 은퇴 생활을 고려

하는 경우, 이들 비용의 상승으로 계획에 심각한 문제가 생길 수도
있다.

앞으로 은퇴 고민은 어떻게 달라지는가?

인생은 마흔부터 시작된다는 말은 어린 나이에 성공한 사람들이 명성
을 얻는 데에도 적용된다. 지금의 우리는 과거 50~60대들에게 유보
되었던 일을 40대 초반의 사람들이 하고 있는 놀라운 경력의 축소를
목격하고 있다. 요즘은 록스타, 테니스 선수, 경찰뿐 아니라 총리, 야
당 지도자, 상업은행 최고 경영자의 나이도 어려졌다.

아직 젊은 리더들이 추진력과 진취성을 잃었을 때는 어떤 일이 벌어
질까? 영구적인 혁명을 조율하는 일은 정상에 오른 지 10년 정도 지
나면 시들해지기 마련이지만 그때 이들의 정년은 아직 많이 남았을 것
이다. 그리고 지금의 젊은 리더는 아버지 세대처럼 20대에서 60대
까지 점진적으로 승진한 후 갑자기 은퇴하는 쐐기형 커리어를 경험하
지 않을 것이다. 새로운 형태의 커리어는 중앙에 정점이 있는 삼각형
형태를 띨 것이다.

사람들이 커리어의 하향 경사면에서 대처하는 방법은 매우 다양하다.
이전에는 좇지 못했던 관심사를 추구할 수 있는 기회를 얻게 되어 기
뻐하는 사람들도 있을 것이고, 자문이나 계약직 임원, 명예이사직 등
포트폴리오 접근법을 적용하면서 짭짤한 수입을 올리는 사람들도 있
을 것이다. 하지만 괴로워지는 사람들도 있다. 그들은 이렇게 말한다.

"문제는 대부분의 사람이 떨어지기 전까지 움직이는 계단에서 내려오지 못한다는 데 있다. 때로는 은퇴 후의 외로움이나 할 일이 없을 상황을 걱정한다. 이런 전망은 매우 두려운 일이다." (《타임스》 중에서)

좋은 소식이 있다. 당신은 더 오래 살 것이다. 현재 남성은 평균 74세, 여성은 80세(한국 통계청이 2022년에 발표한 평균 기대수명은 남성이 79.9세, 여성은 85.6세다―편집자)까지 살 것으로 예상하지만 이보다 훨씬 더 오래 사는 사람도 분명 많을 것이다. 미래에는 이 평균 수명이 아직 미지의 영역인 수준까지 연장될 것이다. 그리고 사람들은 일반적으로 체중을 줄이고, 몸에 좋은 음식을 섭취하며(설탕과 유제품은 줄이고 채소와 신선한 과일 더 많이 섭취하기), 더 많은 운동을 하게 될 것이다.

전반적인 추세는 분명 개인의 자립을 강화하는 방향으로 나아가고 있다.

이제 노화의 답은 달라져야 한다

이제 결론에 도달했으니 이 책의 메시지를 요약할 시간이 되었다. 지금까지 나이를 먹으면서도 물리적인 뇌 회로를 개선할 방법이 있다는 것을, 세월이 흘러도 기억력이 반드시 쇠퇴하는 것은 아니라 오히려 향상될 수 있고 또 향상해야 한다는 사실을 알아보았다. 또 TEFCAS, 메타긍정사고, 마인드매핑, 니모닉과 같은 중요한 정신 능력 향상 기술을 설명했고, 자기 도전이 매우 중요하다는 것을 강조했다. 그리고 노년에도 끊임없이 도전하는 표준에서 벗어난 이탈자들의 사례를 살펴봤다.

당신도 그렇게 할 수 있다. 그것이 당신의 미래다!

끊임없는 자극과 도전이 필요하다

이 책의 가장 중요한 교훈을 기억하라. 당신의 뇌세포는 매일 필연적으로 죽어가는 것이 아니다. 중요한 점은 뇌세포들 사이의 상호 연결성과 연상을 하고 새로운 것을 배우는 능력이다. 뇌의 용량은 계속해서 늘릴 수 있다. 뇌에 주어지는 자극과 도전이 많다면 나이에 상관없이 더 큰 잠재력을 발휘할 수 있다. 최신 의학 연구는 이런 자극이 알츠하이머병, 치매, 뇌졸중에 맞서기 위해 선택할 수 있는 최고의 방어책이라는 것을 보여준다.

몸도, 정신도 더욱 건강하게

신체의 건강과 정신의 건강을 돌봐야 한다. 뇌는 신체와 연결되어 있다는 사실을 유념하라. 담배를 피우는 경우, 담배를 줄이려고 노력하고 이후 완전히 끊어라. 과음을 한다면 술을 줄여라. 매년 정기적으로 세밀한 건강검진을 받아라. 의사에게 이상적인 체중이 얼마인지 물어보고 목표치에 달성하기 위해 노력하라. 신체 운동을 시작하고, 체스나 스크래블, 체커, 브리지, 바둑과 같은 마인드 스포츠를 통해 정신을 맑게 하라.

당신의 뇌가 가진 경이로운 힘을 인식하라. 뇌는 우리가 아는 한 우주에서 가장 복잡한 구조다. 마인드맵과 뇌 피질의 모든 자원 및 기술을 활용해 생각을 정리하고, 의사소통을 돕고, 중요한 사실과 아이디어를 기억하는 능력을 향상시켜라.

더 많이 배울수록 더 많은 것을 더 쉽게 배울 수 있다는 사실을 잊지 말라. 제3장에서 이야기한 간단한 설명을 따라 니모닉을 통한 기억력 향상과 속독을 알아보라.

오래된 습관을 바꿔라

메타긍정사고와 TEFCAS를 활용해 스스로 더 낫게 변화하며 오래된 나쁜 습관을 버리고 새로운 좋은 습관을 얻어라. 시도, 사건, 피드백, 확인, 조정, 성공의 프로세스를 이용하라. 메타긍정사고의 주된 메시지인 '시작하기에 너무 늦은 때란 없다'를 기억하라! 이는 도전적인 새로운 정신 운동, 새로운 기술 개발, 초인적 기억력 개발, 새로운 형태의 운동, 스포츠, 무술 습득뿐 아니라 술과 담배, 과식의 절제에 있어서도 마찬가지다.

간단히 요약하자면 나이가 들수록 표준에서 벗어난 이탈자가 되기 위해 노력하라!

잊어서는 안 되는 6가지 황금률

영국의 저명한 정보분석가 브라이언 토비Brian Tovey 의 주목할 만한 경험을 바탕으로, 나이가 들면서 더 많은 것을 성취하기 위해 반드시 명심해야 할 여섯 가지 황금률을 정리했다.

1. 육체적·정신적으로 최고의 상태를 유지한다.
2. 변화에 대비하고 변화를 환영한다.
3. 자기 자신에게 도전한다. 더 도약하고 자신을 재창조할 준비를 한다.
4. 나이에 상관없이 스스로 주인이 될 용기를 갖는다.
5. 서로 마음을 나누고 응원해주는 동료와 함께 일한다.
6. 자신이 하는 일을 사랑하고, 사랑하는 일을 한다. 절대 은퇴하지 않는다!

노화에 대한 편견을 깨라

빈 종이에 '나이'에 대해 자신이 갖고 있는 이미지를 그려봐라.

지난 20년 동안 실시한 조사에서 나이에 대한 이미지를 그려보라는 요청을 받은 수만 명의 사람 중 80~100퍼센트가 부정적인 이미지를 그렸다. 이후 해당 답변을 한 사람들에게 이런 부정적인 범주에 해당하지 않는 75세 이상의 사람을 알고 있느냐고 질문했다. 놀랍게도(그리고 당연하게도) 거의 모든 답변자가 손을 들었고, 이는 제4장에서 언급한 통계적 이상치인 사람, 즉 표준에서 벗어난 이탈자가 수백만 명에 달한다는 것을 의미한다.

이제 당신도 알고 있듯 뇌는 자신이 인식하는 이미지에 끌린다. 나이를 병과 관련된 우울한 관점으로 바라본다면 마치 파멸을 향해 곧장 날아가는 미사일처럼 무의식적으로 자신의 삶을 그 방향으로 이끌게 될 것이다.

만약 종이에 지팡이, 해골, 묘비를 그렸다면 동그라미를 치고 옆에 느낌표를 붙인 다음에 그 이미지를 나이에 대해 부정적으로 생각한 마지막 이미지로 기억해둔다. 이상적인 이미지는 웃는 얼굴, 세계를 여행하는 사람, 건강하고 감각적인 사람, 운동선수, 산악인, 백만장자 등이 될 수 있다.

이 책의 도입 부분에서 제기한 모든 질문이 이제 답을 찾았다. 모든 페이지마다 이해하고 달성하는 데 큰 어려움이 없고 모호하지 않으며 쉽게 접근 가능하고 긍정적이며 구체적이고 실용적인 방법과 실천 과제를 추천했다. 이제 다 읽고 난 후 당신은 나이를 먹으면서도 계속 발전할 수 있다는 격려와 스스로 실천하는 방법을 명확하게 전하는 메시지를 발견했을 것이다.

중요한 것은 뇌의 건강이다

1990년 미국 전 대통령 조지 부시는 뇌 연구로 얻을 수 있는 혜택에 대한 대중의 인식을 높이기 위해 앞으로의 10년을 '뇌의 10년'으로 지정했다. 뇌 건강에 대한 인식을 높이고 사람들이 뇌를 돌보도록 장려하는 모든 노력에 박수를 보내지만 10년이라는 시간은 시작에 불과하다. 그래서 21세기의 모든 시간을 '뇌의 세기'라고 선언하고자 한다.

과학기술은 뇌 연구에서 비약적인 발전을 이루며 뇌의 구조와 기능에 대한 점점 더 많은 식견을 제공하고 있다. 2022년 1월 《미국 국립과학원회보》Proceedings of the National Academy of Sciences 에 흥미로운 실험 결과가 발표됐다. 서던캘리포니아대학 연구팀이 실험용 물고기의 뇌에서 형성되는 기억을 시각화했다는 연구 결과였다. 이제 우리는 지각과 경험에 반응해 신경망이 어떻게 형성되는지 실시간으로 볼 수 있게 되었다.

뇌 건강과 기능, 개발에 관한 최신 연구들을 계속 지켜보길 권한다. 최신 정보를 얻을 수 있을 뿐 아니라 당신의 뇌세포를 자극할 수 있다. 무엇보다 당신의 두뇌 신경망을 꾸준히 구축하고 강화하는 데 필요한 격려와 의욕을 얻을 수 있을 것이다!

참고 도서

다음은 체스를 포함해 많은 마인드 스포츠 분야의 그랜드 마스터인 레이먼드 킨이 쓴 85권의 저서 중 추천하는 참고 도서다.

- 《카로-칸 방어술의 이해》Understanding the Caro-Kann Defense

  세 명의 그랜드 마스터와 두 명의 국제 마스터가 엮어낸 학술 논문으로, 호세 라울 카파블랑카José Raúl Capablanca, 미하일 보트비닉Mikhail Botvinnik, 티그란 페트로시안Tigran Petrosian, 카르포프와 같은 챔피언들이 즐겨 사용했던 방어술의 이면에 숨어 있는 사고를 깊이 있게 설명한다.

- 《측면 오프닝》Flank Openings

  전통적인 체스의 오프닝은 중앙의 지배를 강조한다. 측면 오프닝은 루돌프 레티Rudolph Reti와 애런 님조비츠Aron Nimzowitsch 같은 선수들이 처음 개발한 오프닝 시스템으로, 흰색 말을 가진 플레이어가 중앙의 통제권을 검은색 말에게 양보한 후 측면 공격으로 중앙을 약화시키고 무너뜨리는 것을 목표로 한다. 측면 오프닝 시스템의 개념과 아이디어를 설명한다.

- 《배츠포드 체스 오프닝 II》Batsford Chess Openings II

  이 책은 체스 오프닝을 한 권으로 종합한 표준 참고서다. 1982년 초판이 출간된 이후 10만 부 이상 판매되었다. 공저자는 세계 체스 챔피언 게리 카스파로프다.

- **《초보자를 위한 체스》** Chess for Absolute Beginners
  어린이와 성인 모두에게 완벽한 이상적인 체스 입문서로, 배리 마틴 Barry Martin 의 간단하고 명료하며 이해하기 쉬운 컬러 도해가 수록되어 있다.

다음은 레이먼드 킨과 토니 부잔의 공동 저서다.

- **《천재에 관한 책 그리고 나만의 천재성을 발휘하는 법》** Book of Genius and How to Unleash Your Own
  잠재력을 발휘하고 정신 능력을 최대한 활용하는 데 필요한 모든 조언을 제공한다.

다음은 토니 부잔의 저서 중 추천하는 참고 도서다.

- **《마인드맵 마스터》** Mind Map Mastery
  마인드맵의 창시자인 부잔이 직접 쓴 마인드맵에 대한 종합 가이드 서적이다. 모든 수준에서 생각을 계획하고 구조화하는 데 있어서 기억력, 집중력, 창의력을 사용하고 향상시키는 흥미롭고 새로운 방법을 소개한다.

- **《마인드맵 두뇌사용법》**
  100만 부 이상 판매된 고전 베스트셀러다. 부잔이 설명하는 기초 학습 기술과 마인드매핑이 담겨 있다. 뇌의 기능에 대한 최신 정보를 통해 더 효과적으로 학습하는 방법을 배울 수 있다.

- 《**기억력을 사용하라**》Use Your Memory

  두뇌 관련 기억 기술에 대한 백과사전이다. 이름, 얼굴, 장소, 전화번호 등 외우고 싶거나 외워야 하는 모든 것을 기억하기 위한 쉬운 기술을 제공한다.

- 《**속독**》Speed Reading

  높은 이해력으로 분당 최대 1만 단어까지 읽기 속도를 높이는 방법을 알려준다. 자가 점검과 실전 연습이 제공된다.

- 《**당신의 정신을 최대한 활용하라**》Make the Most of Your Mind, 《**파라브레인 활용하기**》Harnessing the Parabrain

  읽기, 숫자 기억력, 논리, 시각, 듣기, 학습을 다루는 완벽한 과정을 제공한다. 유기적 마인드맵 학습 기법을 구축할 수 있다.

  나이와 관계없이 두뇌를 최대한 활용하고자 하는 사람들은 공식 홈페이지(TonyBuzan.com)에서 두뇌 관련 모든 강좌와 제품을 만날 수 있다.